KB070713

철학이
삶을
위로할 때

철학이
삶을
위로할 때

더 나은 인생을 위한
철학자의 말들

Filosofie voor een weergaloos leven

라메르트 캄파위스 | 강민경 옮김

웅진 지식하우스

철학을 마음에 들이는 순간
인생은 한결 다정해진다

삶이란 무대 위에서 눈을 뜨는 것이다. 당신이 예상치 못한 자신의 모습을 발견할 연극은 이미 시작됐다. 다른 연기자들이 당신에게 반응한다. 무대 밖에서는 사람들이 흥미진진한 표정으로 당신이 어떤 캐릭터를 연기할지 주시하고 있다. 이 모든 것이 꿈이 아니라는 사실을 깨닫자 벼락이라도 맞은 듯 온갖 질문이 머릿속을 복잡하게 돌아다닌다. 도대체 여긴 어디지? 나는 누구지? 여기 있는 이 사람들은 누구지? 이들은 왜 나를 빤히 쳐다보고 있으며, 도대체 나를 어떻게 생각하는 거지? 나는 무엇을 해야 하지? 나는 왜 여기에 있지? 이게 대체 언제 끝날지 누군가 말해주면 좋으련만!

스페인의 철학자 호세 오르테가 이 가세트José Ortega y Gasset는 인간이 자신의 존재를 어떻게 경험하는지 그 과정을 설명하기 위해 무대를 예로 들었다. 인간은 태어남과 동시에 자신의 삶이라는 유일무이한 연극에 속한 자신을 발견한다. 스스로 그렇게 하겠다고 결정하지 않았으며 그럴 준비도 되지 않았다. 삶을 연습할 수는 없으니까. 삶이라는 연극은 공연 계획표에 단 한 번만 실리며 다시 반복될 수 없다. 말 그대로 유일무이하다. 두 번째가 존재하지 않는다.

앞서 언급된 질문은 삶의 위대한 주제를 건드린다. 그 주제는 우리가 학교에서는 결코 배울 수 없는 종류의 것이다. 게다가 우리 사회에서 이런 삶의 질문이 차지하는 범위는 점점 줄어들고 있다. 이런 질문을 던지고 답을 찾으려는 사람들 또한 흔치 않다. 아무런 문제 제기도 하지 않은 채 순응하면서 기회를 포착하는 이들이 늘어나고 있다. 그들은 그렇게 함으로써 모든 도전을 앞서서 주도할 뿐 아니라 영감으로 가득 차고 자신감 넘친다. 이제는 이런 이들이 각광을 받고 있다. 구인란에는 목표 지향적이고 독립적인 사람이라는 현대적인 이상형을 묘사한 광고가 가득하다. 이에 동반하는 높은 기대는 스트레스로 이어진다. 우리가 이 조건을 만족시킬 수 있을까? 우리는 온라인상에 자신이 얼마나 행복하고 자신의 삶이 얼마나 완벽한지를 전시하면서 서로를 더욱 불안하게 만든다. 게다가 그러느라 '내 삶이라는 무대 위에서 지금 내가 무엇을 하고 있는지' 자신에게 물을 시간조차 없다.

철학이 삶을 위로할 때

이런 상황에서 우리는 평온함을 약속하는 모든 것을 기꺼이 받아들인다. 명상원, 요가원, 마음챙김 센터 등이 우후죽순 생겨났다. 명상을 하는 친구들은 구름처럼 떠다니는 생각을 몰아내는 상상을 하면서 얻은 평온함을 내게 전파하려 한다. 깊이 생각하고 고민하는 것을 그만두면 사람은 평온해진다. 그것이 특정한 순간에는 매우 쾌적하다는 사실을 나도 잘 알고 있다. 그러나 철학에서는 정반대다.

철학한다는 것은 관점의 유연성을 기르는 훈련이다. 의식적으로든 무의식적으로든 우리는 살면서 자신과 타인을 어떻게 보고 있는지, 자신의 삶을 어떻게 이끌어가고 싶어 하는지에 영향을 미치는 여러 이념을 떠올린다. 우리는 학교에 다니면서 교육의 영향을 받는다. 나중에는 광고, 책, 친구, 구인광고, 혹은 우리가 일하는 조직의 언어 등 더 많은 것이 우리에게 영향을 준다.

그런데 우리는 도대체 어디서, 어떻게 삶에 각인을 남기는 언어와 관계를 맺는 걸까? 어떤 이념이 유리하고 어떤 이념이 불리한지 어떻게 알아볼 수 있을까?

철학은 우리에게 표면적으로는 당연하게 보이는 생각이나 행동을 비판적으로 관찰하라고 말한다. 철학하는 것은 자기 자신과 고착화된 사고 구조 사이에 건전한 거리를 둘 기회다. 철학은 우리가 더 유연하게 사고하도록 만든다. 그리고 우리가 짐작하는 것보다 생각이 더 자유롭다는 사실을 깨우쳐준다. 우리는 생각을 비울 때만 안정을 찾는 것이 아니다. 수백 년이 넘었지만 여전히 새롭고 신선한 철학적 사고에 도전하며 스스로를 풍성하게 만들 때도 평온해질 수 있다. 이렇게 우리는 상대화하는 법을 배우고 타인과 내 세상을 새롭게 보는 법을 배운다.

철학의 역사는 2,500년 이상 이어진 대화이자 올바른 언어를 추구하는 과정이다. 우리가 자신에게 던지는 질문을 철학자들은 이미 수백 년 전부터 밤잠을 설치며 고민해왔다니 큰 위안이 된다. 물론 철학이 내놓는 답이 그리 쉽고 단순하지는 않다. 하지만 우리는 철학을 하면서 고향처럼 편안하면서도 동시에 자신의 내면에 반향을 일으키는 언어를 찾게 될 것이다.

나는 아주 엄격한 개신교 가정에서 자랐다. 교회는 아주 오랜 시간 동안 나에게 사회라는 원 안에 속한 장소이자 삶의 질문을 던지는 공간이었다. 청소년이던 내게 교회는 무엇보다도 절대 변하지 않는 답을 찾게 해준 곳이었다. 그러나 나는 시간이 지날수록 교회에서 사용되는 언어를 점점 낯설게 느꼈다. '자기부정'이니 '원죄'니 '심판'이니 하는 단어가 내 세상의 경계를 매우 좁게 한정 짓고 있었다. 그래서 철학에 빠져드는 건 내게는 해방이나 마찬가지였다. 철학은 계속해서 새로운 것에 이끌리도록 나를 자극했고, 내가 나 자신과 내 삶을 다른 시선으로 바라보도록 만들었다. 철학, 문학, 시 등을 배우면서 나는 점차 새로운 언어로 말하는 법을 알게 됐다. 그 일들은 자유와 공감이라는 감정으로 다가왔다. 오스트리아계 영국인 철학자인 루트비히 비트겐슈타인Ludwig Wittgenstein이 "내 언어의 한계가 곧 세계의 한계다."라고 말했듯이 말이다.

사람이 자신의 정신에 뿌리내린 표상을 의식하는 것은 건강한 일이다. 파벌주의적인 환경, 무신론적인 환경, 좌파적인 환경, 자본주의적인 환경, 쾌락주의적인 환경, 성과 지향적인 환경 등 그 어떤 환경에서 나고 자랐는지와는 상관없이 말이다. 철학함으로써 사람은 보아야 할 것, 그리고 발견해야 할 것이 예상보다 훨씬 많다는 사실을 경험한다. 당신이 이 책을 읽고 당신 세계의 경계를 넓히기를 바란다.

이 책의 각 장은 인간인 우리가 자주 대화 주제로 삼는 것들로, 크게 세 가지 관계에 따라 나누었다. 바로 나 자신과의 관계, 타인과의 관계, 그리고 세상과의 관계다.

옛날부터 철학하는 것은 스스로를 보살피는 방법이었다. 철학자들은 '사람들이 건강하지 않은 생각에서 스스로를 치유할 수 있는 힘을 길러주는 것'이 자신들의 근본적인 과제라고 여겼다. 고대 로마의 철학자 키케로는 "영혼을 치유할 약제가 있으니 그것이 바로 철학이다. 신체의 질병을 고칠 때처럼 외부를 살펴볼 필요 없다. 철학이 있으면 모든 방법과 모든 힘을 활용해 스스로를 치유할 수 있다."라고 썼다. 철학하는 것은 스스로를 가로막는 사고의 틀을 의식하는 방법이다. 1장에서는 불만족, 분노, 불안 등의 감정을 창의적으로 극복하는 방법을 다룬다.

2장에서는 타인과 나의 관계를 다양한 방식으로 알아볼 것이다. 당신은 바에서 낯선 이와 술을 한잔하며 나누던 대화들, 즉 당신과 완전히 다른 의견을 품은 사람들과 정치, 윤리, 신앙 등에 관해 나누던 이야기를 철학적으로 더 깊이 파고드는 법을 배울 것이다. 일정 부분 반항적인 태도를 유지하는 대화법도 배울 수 있다. 철학하는 것의 또 다른 명백한 장점은 우리가 타인을 더 잘 이해하도록 만든다는 점이다. 우리는 자신이 확신하는 것을 의심함으로써 타인의 견해를 더 열린 마음으로 마주하는 법을 배운다.

3장에서는 세상과 우리의 관계에 대해 다룰 것이다. 우리가 세상을 철저하게 철학적인 방식으로 파고들어 관찰하면 일상적인 삶을 완전히 새로운 관점에서 바라볼 길이 열린다. 예를 들어 우리는 나와 스마트폰의 관계를 적어도 각기 다른 네 가지 측면에서 발견할 수 있다. 또 넷플릭스의 드라마를 보고 어떻게 살아야 할지 배울 수 있다. 앞으로는 일터에서 조금 설렁설렁 일해도 되겠다거나 우리가 침대에서 하는 일을 새로운 시각으로 바라봐야겠다는 자극을 느낄 수도 있다. 철학을 하면서 모든 것을 낯선 방식으로 대하고 스스로 낯설게 행동하는 데 활용할 놀라운 상상력을 일깨우는 것이다.

이 책은 성공적인 삶을 위한 10단계 계획 같은 것을 알려주는 책이 아니다. 물론 인생을 살다 보면 언젠가 철학이 더 이상 도움이 되지 않는 상황을 마주하게 될지도 모른다. 그럼에도 철학은 당신의 삶을 더 편안하게 만들 수 있다. 새로운 관점으로 당신의 세상을 더 풍성하게 만들고, 당신이 타인에게 더 쉽게 공감할 수 있도록 돕는다. 새로운 생각의 틀과 행동양식을 연습하도록 영감을 주고, 스스로를 더 잘 보살필 수 있도록 사고력을 높여줄 수 있다. 당신의 삶에 기꺼이 철학을 들이고 철학과 더욱 친해지기를 바란다. 이 책이 거기에 작은 보탬이 된다면 더할 나위 없다.

차례

Filosofie voor een weergaloos leven

1장

단단한 나를
만들어주는 철학

1

철학이 슬픔과 불행을
대하는 방식

위로에 관하여 ~~~~~~~~~~~~~~~~~~~~~~~~~~~~~~

"신체의 질병을 치료하지 못하는 의학기술은 쓸모없듯이,
영혼의 슬픔을 덜어내지 못하는 철학 또한 쓸모없다."

— 에피쿠로스

기원후 524년에 로마인 한 명이 파비아에 있는 감옥에서 자신의 사형 집행을 기다리고 있었다. 그는 운명에 순응해 모든 것을 포기하는 대신 책을 집필하기 시작했다. 여인으로 의인화된 철학이 감옥으로 찾아와 자신을 위로해주는 이야기다. 이 인물은 보에티우스Boethius다. 그는 그 책을 완성했을 때만 하더라도 자신의 저작 『철학의 위안Consolatio Philosophiae』이 먼 훗날인 중세시대까지 베스트셀러가 될 줄은 생각지 못했으리라. 이 책은 1,000년이 넘는 시간 동안 유럽에서 가장 많이 읽힌 책 중 한 권이었다. 감옥에서 죽음을 기다리던 보에티우스 같은 사람도 철학에 몰두했다니, 그렇다면 철학은 우리에게 큰 위로를 줄 수 있는 것이 아닐까?

그것은 사실이다. 우선 철학자들의 문장은 재인식을 야기한다. 우리가 겪는 것과 똑같은 걱정, 불안, 불행을 묘사하는 철학자의 글을 읽으면 혼자가 아니라는 기분이 든다. 아르투어 쇼펜하우어의 작품 또한 이와 같은 방식으로 우리에게 위로를 건넨다. 쇼펜하우어는 여태까지 존재했던 모든 철학자 중 가장 염세적인 인물 중 한 명이었다. 하지만 그 역시 불행한 시기에 책 집필에 몰두하면서 위로받았을 것이다. 어쩌면 당신에게도 이런 경험이 있으리라. 착잡한 하루를 보냈음에도 낙관주의가 전혀 도움이 되지 않았던 경험 말이다. 쇼펜하우어 또한 인간의 낙관주의를 그다지 열망하지 않았다.

> 한 낙관론자가 나에게 눈을 뜨고 세상을, 쏟아지는 햇빛 속의 산을, 골짜기를, 강물을, 식물을, 동물을, 기타 많은 것들을 품고 있는 세상을 바라보라고 말했다. 하지만 그렇다면 세상은 요지경 속이 아닌가? 이런 것들은 보기에는 더할 나위 없이 아름답지만 그것으로 존재하기란 완전히 다른 일이다.
>
> ― 『인생론Aphorismen zur Lebensweisheit』

살다 보면 쇼펜하우어 같은 사람을 만나고 싶은 순간이 있다. 많은 이들이 아름다운 것들만을 가리키며 걱정과 우려에서 눈을 돌리도록 만든다. 하지만 이들과 달리 쇼펜하우어는 삶이 영원히 이어지는 축제와는 전혀 다르다는 점을 솔직하게 인정했다. 일이 잘 안 풀릴 때 나는 닉 케이브의 노래를 듣거나 쇼펜하우어의 책을 읽으면 기분이 나아진다. "우리는 삶을 무無라는 축복받은 평화 속에서 일어나는 불필요하게 번거로운 사건이라고 생각할 수 있다." 여기서 무란 불교에서 말하는 니르바나, 즉 열반이다. 조금 더 자세히 설명하자면, 쇼펜하우어는 우리가 행복하려고 존재한다고 믿는 것은 엄청난 착각이라고 말했다. 인간은 어떻게든 세상을 바꿔보려는 의지를 가질수록 점점 더 불행해진다. 그런 의지를 벗어던지고 거기서 자유로워져야 비로소 내면의 평화를 얻을 수 있다. 그러니 행복하려고 노력하는 우리의 삶은 불필요하고 번거로운 사건이다. "우리는 불행해야 하고 실제로도 그렇다." 어느 정도 위안이 되는 말이다. 적어도 스스로가 불행하다고 느끼는 것이 이상한 일은 아니라는 뜻이니 말이다. 슬픔은 나누면 반으로 줄어든다.

쇼펜하우어는 우리가 다른 사람들 때문에 실망하는 상황에 관해서도 글을 썼다. 예를 들어 연인이나 배우자가 내 곁을 떠난 상황, 동료 직원이 내 승진 기회를 가로챈 상황, 부모님이 나에게 나이가 찼으니 집에서 나가 가족을 꾸리라고 단호하게 말하는 상황 등이다. 쇼펜하우어의 견해에 따르면 인간으로서 우리가 처하는 이런 상황은 추위를 견디는 호저와 비견할 만하다. 호저는 추운 겨울 서로 체온을 나눠 따뜻해지려고 하지만, 가까이 다가갈 때마다 가시에 찔려 서로에게 더 큰 상처를 입힌다. 인간 역시 사회를 필요로 하므로 서로 가까워지기를 원한다. 하지만 추악한 본성과 나쁜 성격 때문에 가장 가까이에 있는 사람에게 가장 많은 상처를 준다. 그런데 쇼펜하우어는 가끔 인간을 부정적으로 바라보는 관점을 지나치게 멀리까지 전개하기도 했다. 예를 들어 그는 덧없는 존재를 다음과 같이 묘사했다.

> 세상을 참회하는 장소, 즉 감옥과 같은 장소로 보는 것보다 유용한 일은 없다. (중략) 감옥의 해악에는 사회, 즉 사람들이 맞부딪치며 살아가는 세상도 포함되기 때문이다.
>
> ― 『늙어감의 기술Die Kunst, alt zu werden』

어쩌면 당신은 이런 글을 읽고 나서 이렇게 생각할지도 모른다. '다행히 내 인생은 그렇게 나쁘지 않아.' 이 생각이 바로 위로의 두 번째 형태인 상대화다.

플라톤에 따르면 철학자들은 그들 특유의 비범한 방식으로 우리에게 상대화를 가르쳐준다. 고대 아테네의 철학자들은 볼썽사나운 행동으로 유명했다. 플라톤이 말하길 밀레투스의 탈레스Thales of Miletus는 자신의 관념 세계에 푹 빠져 길을 걷다가 미처 보지 못하고 우물에 빠졌다. 플라톤은 철학자들의 이런 미숙한 행동양식에서 적어도 두 가지를 배울 수 있다고 말했다. 첫째로 삶의 거대한 질문을 고찰하는 것이 일과보다 훨씬 흥미롭다는 점이다. 삶에서 어떤 사건이 벌어지든 우리는 마음이 원하는 것이라면 무엇이든 자유롭게 할 수 있는 내면세계를 품고 있다. 마음속에서 우리는 어떤 장소, 어떤 시간으로든 여행할 수 있으며 이때 일상적인 걱정은 저 멀리 밀려난다. 둘째로 얼빠진 철학자들은 우리에게 남들이 나를 어떻게 생각하는지 신경 쓰느라 애쓸 필요 없다는 사실을 일깨워준다.

세상을 냉소적으로 바라보는 견유주의Cynicism 지지자들은 이런 무관심을 인생의 지혜로 치켜세웠다. 이런 철학적 흐름은 기원전 5세기경 그리스에서 시작됐다. 견유주의자들은 어떤 가르침이나 이론이 아니라 그들의 삶의 방식으로 유명했다. 그것은 얼마나 많은 것들이 우리 삶에 불필요하며 근심만 안겨주는지를 보여주었다. 견유주의자들은 철학적 논문이나 책을 그리 많이 남기지는 않았다. 하지만 세계적으로 널리 퍼진 일화 덕분에 그들이 얼마나 뻔뻔하게 행동했는지를 알 수 있다. 견유주의자들은 벌거벗고 돌아다니거나 공공장소에서 성행위를 했다. 그렇게 행동함으로써 타인의 판단에서 벗어나고자 했던 것이다.

이런 행동까지는 아니더라도, 적어도 그 근본 원칙은 오늘날에도 유용하다. 예를 들어 새로 사귄 애인에게 보낼 메시지를 직장 동료에게 잘못 보냈을 때 혹은 일과 관련된 이야기만 할 것이 뻔한 파티에 가면서 그곳에서 만날 사람들에게 얼마 전부터 번아웃으로 집에만 콕 틀어박혀 있다고 솔직하게 털어놓아야 하나 고민할 때 말이다. 견유주의자들에 따르면 이런 상황에서 우리는 부끄러워할 필요가 없다. 오히려 우리는 일부러 이런 순간을 찾아야 한다. 이런 상황은 독립성을 연습하는 데 꼭 필요하기 때문이다.

견유주의자들은 타인의 판단에서 벗어나 자유로워지겠다는 목표를 이루고자 물질, 즉 재산에서도 자유로워지려 애썼다. 불순응주의와 관련된 일화로 유명한 디오게네스는 거의 모든 소유물에서 벗어났다. 어느 날 어린 소년이 손으로 물을 떠서 마시는 모습을 본 디오게네스는 그나마 가지고 있던 조롱박을 집어 던지며 한탄했다. "무욕에 있어서는 저 아이가 나보다 낫다니."

또 하루는 알렉산더대왕이 디오게네스를 찾아와 배포가 큰 제안을 했다. 디오게네스가 부탁하는 모든 소원을 들어주겠다는 것이었다. 놀랍게도 디오게네스는 알렉산더대왕에게 지금 햇빛을 가리고 있으니 한 발자국만 뒤로 물러나 달라고 말했다. 디오게네스의 이런 행동은 사람이 인간으로서 필요로 하는 것이 그리 많지 않다는 사실을 명확하게 보여준다. 가장 높은 가치는 자신에 대한 만족, 재물에서의 자유, 타인들의 판단에서 자유로워지는 것에 있다. 세상에는 일견 중요한 듯 보이지만 사실 자세히 들여다보면 하찮은 것들이 너무나 많다. 우리는 남들과 나를 비교하며 다른 사람들이 내 빈곤한 통장 내역과 보잘것없는 지위를 비웃으리라 생각해 괴로워한다. 견유주의자들은 좋은 삶을 사는 데 필요한 것이 그리 많지 않다는 점을 보여주었고, 이런 생활 태도는 우리가 자신의 곤궁함을 완전히 다른 시각에서 바라볼 수 있도록 해준다.

이것이 바로 내가 말하고자 하는 위로의 세 번째 형태다. 철학은 우리가 불행을 받아들이도록 도와준다. 철학자 보에티우스가 생각해낸 여인은 감옥에 갇힌 그를 마치 어머니처럼 다독였다. 여인과 보에티우스는 서고에서 함께 보냈던 행복한 시간을 돌이켜봤다. 마치 연인들이 처음 사귀기 시작했을 때의 추억에 잠기듯이 말이다. 그런데 이 여인, 즉 철학은 보에티우스가 자신의 운명을 불평하자 그를 꾸짖었다. 보에티우스는 자신이 그런 형벌을 받을 만한 짓을 하지 않았다고 생각했지만 여인은 그것이 잘못된 사고방식이라고 똑똑히 말한다. 보에티우스의 책에서 운명의 여신 포르투나는 자신만의 놀이를 한다. 포르투나는 자기 마음대로 운명의 수레바퀴를 돌리면서 가장 아랫부분을 위로 올리거나 반대로 윗부분을 아래로 내린다. 행운을 얻고자 운명의 수레바퀴에 다가가는 사람들에게 포르투나는 말한다.

원한다면 올라서라. 다만 내 놀이의 결과 네가 다시 아래로 내려가게 된다면, 그것을 부당하다고 생각하지 말아야 할 것이다.

― 『철학의 위안』

보에티우스 또한 행복하던 시절 가장 높은 위치에 도달했던 운명의 수레바퀴가 언제든 다시 가장 아래로 내려갈 수 있다는 사실을 알았어야 했다. 어쩌면 그는 자신에게 일어난 일이 매우 이례적인 사건이라고 생각했는지도 모른다. 하지만 그것이야말로 운명의 움직임이자 흐름이다. 철학이라는 여인은 보에티우스에게 수사적인 질문을 던졌다. "너는 바꿀 수 없는 운명에 저항하느라 오히려 그것을 더 망가뜨리고 있지 않은가?" 여인은 그에게 이제 운명을 받아들이라고 조언한다. 운명이 그에게 호의적이든 그를 시련에 빠뜨리든 그것을 받아들여야 한다는 것이다.

> 네가 유배지라고 부르는 이 장소 또한 이곳에 사는 사람들에게는 고향이 아니더냐? 너는 스스로 그렇게 생각하기에 불행한 것이 분명하다. 모든 운명이란 마음을 가라앉히고 그것을 받아들이는 이에게는 행복한 것이다.
>
> ─『철학의 위안』

고통스러운 일이 벌어진 순간에 포르투나가 운명의 수레바퀴를 돌리는 모습을 떠올려보면 위안이 되리라. 이 생각은 한편으로는 우리가 모든 불행의 원인을 자신에게 돌리고 자책에 빠져 허우적거리지 않도록 지켜준다. 그리고 다른 한편으로는 우리가 자신의 불행이 얼마나 불공평한지 자기연민에 빠져 진창 속을 뒹굴지 않도록 막아준다. 포르투나의 수레바퀴는 멈추지 않고 계속 돈다.

그러니 저항해봐야 소용없다. 운명을 받아들이는 법을 배우고 스스로에게 너무 무거운 짐을 부과하지 않는다면 운명은 언젠가 다시 우리에게 호의적으로 변하게 된다.

삶에 주어진 운명을 자전거를 탈 때 느끼는 바람처럼 느껴야 한다. 등 뒤에서부터 바람이 불면 바람 덕에 수월하게 앞으로 나아가지만 그것을 거의 의식하지 못한다. 그런데 맞바람이 불기 시작하면 비로소 바람의 영향이 얼마나 컸는지 깨닫는다. 그러니 행복한 시기이든 불행한 시기이든 바람이 우리의 여정을 결정한다고 생각해야 건전한 삶을 살 수 있다.

여기서 우리는 철학이 주는 위로의 네 번째 형태를 깨닫는다. 철학자들은 우리에게 새로운 관점을 알려주고 우리가 더 나은 시기를 기대하도록 만든다. 그들은 운명의 수레바퀴가 언젠가 다시 더 나은 방향으로 굴러가리라고 조언할 뿐만 아니라 빛을 보려면 어둠의 시기도 거쳐야 한다고 충고한다.

나는 인생이 힘들고 고달프던 시절에 네팔과 인도를 여행했다. 그때 나는 배낭여행자들이 철학이 주는 위로의 네 번째 형태를 가장 사랑한다는 것을 알게 됐다. 내가 만난 여행자들은 저마다 어려운 시기를 겪고 있었다. 그때까지 살던 모든 삶의 터전을 등지고 세계여행을 떠나온 이들이 대부분이었다. 나는 호텔, 버스, 코끼리의 등 위에서 만난 사람들과 이야기를 나누면서 얼마나 많은 여행자가 철학자들의 말에 이끌려 여행을 떠났는지 깨달 았다. 다만 많은 이들이 그 말을 한 인물이 누구인지는 잘 몰랐다. 언젠가부터 나는 어떤 철학 명언이 가장 빈번하게 언급되는지 가려봤다.

1. "당신을 죽이지 못하는 것들이 당신을 더 강하게 만든다."
   — 프리드리히 니체
2. "우리는 길을 잃은 뒤에야 자신을 찾기 시작한다."
   — 헨리 데이비드 소로
3. "연꽃은 가장 깊고 질척한 진흙에서 핀다."
   — 불교 명언

내가 보기에 이 모든 명언에는 비슷한 생각이 숨어 있다. 바로 삶이 아무리 힘들고 어려울지라도 불행 끝에는 행복이 있다는 것 이다. 이 세 가지 명언은 우리에게 희망 가득한 미래를 약속한다.

철학은 재인식, 상대화, 수용, 기대라는 네 가지 위로의 형태 를 통해 불행한 세상을 위안이 되는 장소로 바꾸도록 돕는다. 모 든 사람은 서로 다르며 각자 다른 방식으로 비극을 경험한다. 그 렇기에 당신도 위로의 여러 형태 중 더 선호하는 것을 발견할 것 이다. 모든 불행에는 그에 걸맞은 위로가 필요하다. 철학이라는 여인은 자신이 왜 감옥으로 보에티우스를 찾아왔는지 설명하며 그를 안심시켰다. "죄 없는 자가 홀로 그의 길을 걸어가도록 두는 것은 나, 철학에게는 분명 어울리지 않는 일이다."

2

필요 이상으로
자신을 괴롭히는
사람들에게

불안에 관하여 ∼∼∼∼∼∼∼∼∼∼∼∼∼∼∼∼∼∼∼∼∼

"나는 나의 모든 말들을 확신해서 주장하는 것이 아니다.
대상이 현재 나에게 어떻게 보이는가를 설명할 뿐이다.

— 섹스투스 엠피리쿠스

네덜란드의 밴드 '오늘의 청춘'이 한 토크쇼에 출연한 적이 있다. 멤버 중 하나인 빌리 바르탈은 '좋은 친구의 죽음'이라는 주제에 관해 자신이 뮤지션 동료들에게 배운 점을 언급했다. "누군가가 죽어서 괴롭다면, 괴롭다는 걸 있는 그대로 받아들이되 현재 괴로운 것 이상으로 고통스러워해서는 안 돼요." 그는 마치 진정한 회의주의자처럼 말했다. 철학의 전통적인 이론 중 하나인 회의주의Scepticism는 기원전 4세기경 시작됐다. 회의주의는 사람이 자신의 경험을 있는 그대로 받아들여야지 그것을 '정말 끔찍해.'라거나 '정말 형편없어.'라고 평가하며 부가적으로 괴로워해서는 안 된다고 가르친다.

회의주의자들(회의주의의 '회의'를 어떤 주장에 대한 회의적인 심사, 즉 의심과 비슷한 의미의 회의와 혼동해서는 안 된다. 두 단어 모두 'skepsis'라는 똑같은 그리스어에서 파생되긴 했지만 말이다)이 주장하는 근본 사상은 '우리가 확실히 알고 있는 단 한 가지는 우리가 아무엇도 확실히 알지 못한다는 것'이다. 인간은 보편적으로 아는 척을 하고 궁극적으로 확실성을 추구한다. 그것이 우리의 삶에 안정과 방향성을 제시한다고 믿기 때문이다. 그러나 회의주의 지지자들의 의견에 따르면 우리는 무엇보다도 스스로 멍청하다는 생각에 사로잡힌 채 행동한다.

기원후 2세기경에 살았던 회의주의자 섹스투스 엠피리쿠스 Sextus Empiricus는 불확실성이라는 사고방식에 따라 책을 썼다. 그는 여러 권의 저서에서 우리에게 판단하지 말고 살 것을 권했다. 이 것은 우리의 가치판단(예를 들어 어떤 것이 편한지 불편한지)뿐만 아니라 우리가 스스로의 삶을 어떻게 꾸려가야 하는지에 관한 판단도 포함하는 말이다.

우리는 때때로 자신의 가치판단 때문에 불필요하게 힘든 상황을 겪는다. 현재 겪는 불행이 처참하다고 생각해서 더욱 수렁에 빠질 이유가 무엇인가? 불행은 그저 불행이다. 어쩌면 우리는 그런 고난의 시기를 겪음으로써 몇 년 후에 오히려 상실을 받아들이는 매우 건전한 과정을 경험했다는 사실을 깨달을지도 모른다. 사랑 때문에 괴로울 때 우리는 대개 이렇게 생각한다. '일생에 한 번뿐인 사랑이었어.', '앞으로 그런 사람을 또 만나지 못할 거야.', '헤어짐을 받아들일 준비를 미리 했어야 했어.'라고 말이다. 이런 판단은 우리에게 도움이 되기는커녕 오히려 걸림돌이 된다. 게다가 우리는 그런 생각이 사실인지조차 확신할 수 없지 않은가. 어쩌면 몇 년 후에 과거를 회상하며 "그땐 그랬지."라며 웃어버릴지도 모른다. 회의주의자라고 해서 불행을 절반만 느끼는 것은 아니지만, 그들은 적어도 자신의 판단을 개입시킴으로써 불필요한 불행을 더 겪는 일은 피한다. 엠피리쿠스 역시 자신만의 결론을 내놓았는데, 그것은 빌리 바르탈의 견해와 거의 비슷하다.

> 하지만 이런 일에서조차 일반인들은 두 배의 불행에 처해 있다. 자신의 감각 경험에 따른 불행뿐만 아니라 그 불행이 자연스럽지 않다는 믿음에서 생겨나는 불행도 못지않다. 반대로 회의주의자는 이 모든 것이 자연스럽지 않다는 혼합된 믿음을 옆으로 제쳐두기 때문에 이런 일에서 더 잘 빠져나간다.
>
> ─『피론주의 개요Outlines of Pyrrhonism』

우리를 방해하는 것은 부정적인 가치판단뿐만이 아니다. 회의주의자들은 긍정적인 확신에서도 멀어져야 한다고 조언한다. 예를 들어 당신의 현재 직업이 앞으로 자신이 가질 수 있는 직업 중 최선의 것이라고 상상해보자. 그러면 당신은 곧 직업을 잃을까 봐 두려워하게 된다. 그 결과 일을 가로챌지도 모를 동료들 앞에서 한없이 조심할 수밖에 없다. 게다가 자기계발을 게을리하게 된다. 새로운 도전에 적극적으로 나설 용기가 사라지기 때문이다. 회의주의자들이라면 당신에게 자신의 일을 즐기는 것은 긍정적이고 올바른 태도지만 현재의 직업이 앞으로 가질 수 있는 직업 중 최선이라는 비현실적인 판단을 하지 않고서도 얼마든지 일을 즐길 수 있다고 조언할 것이다.

가치판단과 더불어 우리가 앞으로의 삶을 어떻게 꾸려나갈지에 관한 판단 또한 우리의 길을 가로막는다. 엠피리쿠스는 그리스의 유명한 화가인 아펠레스의 일화를 소개하며 이것을 명확하게 설명했다. 아펠레스는 어느 날 말을 한 마리 그렸다. 말이 지친 모습을 표현하고자 입가에 거품을 그리려던 그는 도저히 그림을 완성할 수 없었다. 몇 차례 다양한 방법을 시도했는데도 마음에 드는 거품이 그려지지 않았기 때문이다. 거품을 그리다가 머리끝까지 화가 난 아펠레스는 완전히 자포자기해서 붓을 닦던 해면을 캔버스에 던져버렸다. 그런데 놀랍게도 해면이 캔버스에 부딪히며 남긴 무늬가 말의 입가에 완벽한 거품을 만들어냈다.

이 일화는 회의주의자들이 보여주는 삶의 방향을 상징한다. 삶을 어떻게 살아야 하는지 확실히 알고 있다고 믿는 한 우리는 목표에 도달할 수 없다. 이것은 사랑, 행복, 안정, 성공은 물론 다른 여러 가지를 추구하는 태도에도 해당한다. 의식적으로든 무의식적으로든 목표에 더 가까이 다가가는 데 도움이 된다고 믿는 방법을 선택하면 우리는 아펠레스처럼 거듭 실망할 것이다. "나는 어떻게 안정을 되찾아야 하는지 도무지 모르겠어.", "어떻게 나와 잘 맞는 연애 상대를 찾아야 할지 모르겠어."라고 자포자기할 때까지 실망은 계속된다. 그러다가 마침내 한 가지 방법에 집착하지 않고 모든 일을 삶의 흐름에 맡기는 순간이 찾아온다. 회의주의자들에 따르면 이런 순간에 우리는 마치 우연처럼 갑자기 안정을 되찾거나 연애 상대를 찾는 데 성공한다. 판단이 도움이 아니라 걸림돌이었던 것이다.

판단하지 않고 사는 것이 그토록 중요하다면, 우리는 어떻게 엠피리쿠스가 말한 대로 판단에서 자유로워질 수 있을까? 판단에서 자유로워지는 방법은 네 가지 단계를 따른다.

1단계: 당신의 판단을 생각해내고 말로 옮긴다.
2단계: 판단한 내용을 반대로 뒤집어본다.
3단계: 반대로 뒤집은 그 판단을 뒷받침할 근거를 최대한 많이 찾는다.
4단계: 처음의 판단과 그에 반대되는 판단, 둘 중 어떤 것이 더 강력한지 모르겠다는 생각이 들 때 이 과정을 멈춘다. 바로 그 순간 당신은 원래의 판단을 뿌리치고 그 판단 때문에 발생한 불안에서 자유로워진다.

네 가지 단계를 해석해보면 두 가지 종류의 의심을 구분할 수 있다. 하나는 확신이 없기 때문에 갖는 의심이다. 이것은 확신으로 가는 수단으로서의 의심이다. 다른 하나는 목적이 되는 의심이다. 사람은 모든 확신을 잃을 때까지 자신의 주장을 의심한다. 이 두 가지 종류의 의심이 바로 엠피리쿠스가 제안한 처세술이다.

연인 혹은 배우자에게 버림받아 완전히 무너져버린 자신을 상상해보자. 회의주의자라면 이런 불행이 자연스러운 것이라고 말하리라. 그런데 우리는 구태여 자신의 판단을 더함으로써 문제를 더 악화시킨다. "이건 내 인생 최악의 사건이야."라고 생각하는 것이다. 그렇게 판단한 순간 우리는 앞선 네 가지 단계의 과정에 따라 판단을 뒤집고 그 근거를 찾아야 한다. 즉 연인 혹은 배우자가 내 곁을 떠난 것이 최악의 사건이 아니라 최고의 사건이라고 생각해보는 것이다.

이때 그 근거는 어차피 마음이 떠난 사람이 내 곁에 더 오래 있어봤자 나는 더 불행해졌으리라는 점이다. 혹은 곁에 있던 사람이 떠났으니 오래전부터 꿈꿔왔던 나 홀로 여행을 실현시킬 때가 왔다고 생각할 수도 있다. 게다가 상대가 배우자라면, 배우자와 헤어지면서 상대 집안의 간섭에서 자유로워졌다고 생각할 수도 있다. 이렇게 생각을 이어가다 보면 깨달음의 순간이 온다. "그 사람과 헤어진 게 최악의 사건인지 최고의 사건인지 잘 모르겠는데?" 회의주의자라면 이렇게 말할 것이다. "그건 정확히 알 수 없는 일이지." 우리는 자신만의 확신과 판단에서 벗어나는 방향으로 생각을 전환해야 한다. 확신과 판단 때문에 우리가 불안해지므로 우리는 안정을 찾을 때까지 의심해야 한다.

스트레스가 만병의 근원 중 1위 자리를 굳건히 지키고 있는
요즘 사회에 회의주의 철학은 어떤 도움이 될까? 많은 사람이 다
음과 같은 생각 때문에 스트레스를 받는다. "내 나이가 몇인데 커
리어가 이것밖에 안 되는 걸까?", "남들에 비해 내 인생은 재미도
보람도 없는 것 같아.", "친구들 만남에 매번 빠지다니, 내가 너무
이기적일까?" 등등. 꼬리에 꼬리를 물고 이어지는 이런 생각의 끝
은 결국 불안이다. 불안은 자신은 물론 타인에게도 불만을 품도록
만든다. 그리고 더 적극적으로 행동해야 한다고 믿도록 만든다.
즉 안정적인 삶을 살려면 우리는 더 열심히 일해야 하고, 친구들
을 더 자주 만나야 하고, 나아가 이 사회까지 구해야 한다.

회의주의자들은 우리에게 이런 활동에 열성을 쏟을 것이 아
니라 스트레스를 키우는 판단이 무엇인지 살펴서 그 가면을 벗기
고 마침내는 그것을 전부 없애버리라고 조언한다. 저녁 시간 동안
자신의 생각과 반대되는 근거를 찾아보라. 예를 들어 "나는 내 나
이에 비하면 꽤 괜찮은 커리어를 이뤘어.", "내 인생은 남들과 비
교해도 재미있는 편이야.", "친구들을 자주 만나지 않는 것도 나쁘
지 않아.", "우리 사회는 잘 굴러가고 있어."라고 생각하는 것이다.
이렇게 혼잣말을 내뱉어보는 것만으로도 마음이 홀가분해진다.
그 결과 우리는 부정적인 확신에 사로잡혔을 때 발생한 불안에서

자유로워질 수 있다.

엠피리쿠스는 판단이란 늘 상대적인 것이며 객관적 사실이 아니라 그저 주관적인 내용일 뿐이라는 점을 증명하고자 여러 근거를 모았다. 그가 말한 중요한 근거 중 하나는 판단이 특정한 문화적 맥락에서 파생된다는 점이다. 우리는 어릴 때부터 긍정적이라고 인식한 것들을 아끼고 보호하려는 경향이 있다. 그래서 가장 나이가 많은 가족 구성원을 이글루에 혼자 두고 그곳에서 죽도록 하는 이누이트 부족의 풍습을 잔인하다고 생각한다. 하지만 남아메리카 사람들은 부모를 요양원에 보내는 사람들을 잔인하다고 생각한다. 엠피리쿠스는 이것을 성도덕과 연관 지었다.

> 페르시아인들에게 남성 간의 사랑은 관습이지만 로마인들에게는 금지된 일이다. 우리에게는 간통이 금지됐지만 반대로 마사게타이족에게는 그것이 예전부터 내려오는 풍습이기 때문에 지극히 당연한 일이다.
>
> —『피론주의 개요』

판단이 상대적인 두 번째 근거는 어떤 사건이 얼마나 규칙적으로 벌어지는지를 기반으로 대부분의 판단이 이뤄진다는 것이다. 엠피리쿠스는 다음과 같이 기술했다. "희소한 것은 가치 있어 보이고, 매일 발생하며 얻기 쉬운 것들은 무가치해 보인다." 우리 인간의 적응력이 얼마나 빠른지를 생각하면 놀랍지 않은가? 누구나 처음 운전대를 잡아본 순간에는 아마 몇 년 후에 운전이 세상에서 가장 일상적인 일이 되리라는 사실을 전혀 모를 것이다.

판단의 상대성에 관한 세 번째 근거는 우리의 판단이 늘 이전 경험의 영향을 받는다는 점이다. 우리는 해열제처럼 쓴맛이 나는 약을 먹고 나서 물을 마시면 물에서 단맛이 난다고 느낀다. 회의주의자들은 이런 원칙이 감각적인 경험은 물론이고 판단에도 영향을 미친다고 주장했다. 지금 막 인생에서 가장 인상적이었던 책을 완독했다고 상상해보자. 그다음에 읽을 책은 아무리 잘 쓴 글일지라도 그다지 인상적으로 느껴지지 않을 수 있다. 반대로 똑같은 책을, 끔찍할 정도로 재미없는 책을 읽고 난 다음에 읽으면 왠지 더 재미있게 느껴질 것이다. 즉 판단은 상대적이다. 특정한 시점에 우연히 발생한 기준을 바탕으로 형성되기 때문이다.

회의주의자들은 같은 시대를 살았던 사람들에게 별종 취급을 받았다. 그들이 사람들에게서 자주 받았던 질문 중 하나는, 아무것도 확신할 수 없는데 사람은 왜 매일 아침 자리에서 일어나야 하느냐는 것이었다. 하지만 회의주의자들의 시각에서 볼 때 사람은 확신 없이도 의미 있는 삶을 꾸려나갈 수 있는 존재다. 인간은 태어난 순간부터 스스로를 발전시키고자 하는 존재이므로 얼마든지 적극적으로 행동할 근거를 갖는다. 게다가 우리는 우리를 사랑에 빠지게 만드는 감정이나 좋은 집에 살고 싶다는 감정을 무시할 수 없다. 규칙이나 사회적 관례를 따르는 데도 아무런 문제가 없다. 그것이 살아가는 데 최선의 방식이라는 확신이 없더라도 말이다. 반드시 확신이 있어야만 어떤 일에 관여할 수 있는 것은 아니다.

오늘날 사람들은 100퍼센트 확신해야 말을 꺼낼 수 있다는 생각에 사로잡혀 있다. 확신에 찬 행동과 발언이 직업적, 사회적 삶에서 성공하는 데 강력하고 확실한 영향을 미친다고 생각하는 사람도 많다. 하지만 회의주의자들이 주장하는 것은 정반대다. 그들은 규칙적으로 의심을 표출하라고 제안한다.

이번 장을 끝까지 읽고 나면 당신은 곧장 회의주의적인 언어를 사용할 수 있을 것이다. 최소한 한 시간 정도는 자신의 판단에 '과연 그럴까?'라는 질문을 던지며 자기 견해를 의심하는 연습을 해보자. 이런 말하기 방식은 확신에 찬 의견을 단호하게 주장하는 것보다 훨씬 편안하고 안정적이다. 확신에 찬 의견이란 어차피 상대적이라는 점이 이미 증명되지 않았는가.

회의주의자들은 자신의 철학을 설사약과 비교했다. 사고체계에서 모든 불건전한 판단을 깨끗하게 씻어내기 때문이다. 나를 불안하게 만드는 생각이 무엇인지, 그 생각과 어떻게 거리를 두어야 하는지를 알아내면 우리는 편안해질 수 있다. 그렇다고 더 이상

우울하거나 불안하지 않다는 뜻은 아니다. 하지만 이런 감정을 굳이 주관적으로 판단해 두 배로 번민에 빠질 위험은 줄어든다. 개인적인 판단과 객관적 사실 사이에 어느 정도 거리를 둘 수 있기 때문이다. 그리고 그만큼 떨어진 곳에서 우리가 추구하던 안정을 찾을 수 있다.

3

분노는 때로
좋은 조언자가 된다

분노에 관하여 〜〜〜〜〜〜〜〜〜〜〜〜〜〜〜〜〜

"내가 화가 나지 않았더라면 자네는 채찍을 맞았을 거야."

— 플라톤이 하인에게 한 말

넷플릭스 드라마 〈썬즈 오브 아나키〉는 미국 캘리포니아의 가상 도시인 차밍타운을 배경으로 모터사이클 갱단이 무기와 마약을 유통하며 활동하는 이야기를 다룬다. 이 드라마는 납치와 학대, 살인으로 점철돼 있다. 그런데 한참을 보다 보면 이런 공격이 상대 갱단의 분노를 부추기는 일종의 도발 행위로 보인다. 상대 갱단이 분노에 휩싸여 실수를 저지르길 기대하는 것이다.

어느 날 모터사이클 갱단 두목의 아내가 납치되어 강간당한다. 그녀는 남편과 아들이 분노할 것이 걱정되어 자신에게 일어난 일을 자세히 설명하지 않는다. 그녀는 격렬한 분노가 좋지 않은 조언자가 될 것임을 알고 있었고 남자들이 현명하지 않은 결정을 내릴까 봐 우려했다.

그리스의 철학자인 아리스토텔레스와 플루타르코스Plutarchos 또한 이를 잘 알고 있었다. 그래서 이들은 분노를 '다스릴 수 있는 것'으로 만들라고 조언했다. 아리스토텔레스에 따르면 분노는 꼭 필요한 동기이며, 분노가 없으면 우리는 어떤 승리도 쟁취할 수 없다. 다만 그는 분노를 자신이 통솔하는 군대의 졸병으로 사용해야 하며 그것이 결코 최고 지휘관이 되지 않도록 하는 것이 중요하다고 했다.

플루타르코스의 『윤리론집Ta Ethika』의 한 부분인 '분노의 억제에 관하여'에는 분노를 제어하는 데 유용한 조언이 많이 담겨 있다. 몇몇 조언은 우리가 익히 알고 있는 것들이다. "분노가 차오르면 자리를 떠나라.", "매우 화가 났을 때는 입을 다물어라.", "자신이 가진 것에 만족하는 법을 배워라.", "현실도피는 어린애 같은 짓임을 인식하라." 등. 이 외의 몇몇 조언은 놀랍기까지 하다. 그는 사람이 화를 낼 때 얼마나 추하게 보이는지를 잘 기억해두라고 충고했다. 이것은 화가 났을 때 우스꽝스러운 추태를 보이지 않도록 도와주는 조언이다.

플루타르코스는 또한 자신을 분노하게 만든 것이 정확히 무엇인지, 그 감정의 진정한 원천 혹은 원인이 무엇인지 찾으라고 조언했다. 그에 따르면 사람은 무시당했다거나 경멸당했다고 느낄 때 분노한다. 그러니 경멸과 무시를 사람을 분노케 하는 불확정성의 신호로 보면 분노를 다스리기 쉽다. 플루타르코스는 화가 났을 때는 자신이 다른 사람들보다 더 나은 존재가 아니라는 점을 의식해야 한다고 덧붙였다. 즉 자신 또한 남들처럼 실수할 수 있다고 생각하면 타인을 판단할 때 더 조심하게 될 거라는 의미다.

더 나아가서 타인에게 너무 큰 기대를 하지 않는 것도 분노를 다스리는 데 도움이 된다.

플루타르코스는 항상 스스로에게 이렇게 말하며 분노를 억제했다고 한다. "난 철학자들을 사서 노예로 부리는 게 아니야.", "내 친구도 실수할 수 있어.", "내 아내는 여자야."라고 말이다. 한편 나는 플루타르코스의 아내 또한 분노를 다스릴 때 스스로에게 "내 남편은 남자야."라고 말했으리라 짐작한다. 마지막으로 플루타르코스는 기간을 정해 금주를 결심하듯이 일정 기간 동안 화를 내지 않겠다고 결심하라고 조언했다. 그리고 화를 내지 않는 기간을 점점 늘려간다면 분노를 다스리는 데 도움이 된다고도 했다.

다만 아리스토텔레스와 플루타르코스는 분노를 완전히 제어할 수는 없는 것으로 봤다. 그러나 이들의 조언을 따른다면 우리는 분노를 조금은 더 능숙하게 다스릴 수 있을 것이다.

로마의 철학자 세네카의 생각은 달랐다. 세네카는 『화에 대하여De Ira』에서 분노라는 감정은 무조건 정복당할 수 있는 것이라고 주장했다. 세네카는 분노를 그릇되고 정신착란적인 것으로 보았고, 우리가 분노에서 자유로워져야 한다고 말했다. 그에 따르면 분노란 자연스러운 감정이 아니라 불신에서 생겨나는 것이다. 그러므로 분노에서 자유로워지고 싶다면 불신을 던져버려야 한다. 불신은 사람이 타인의 행동을 부정적으로 해석하도록 만든다. "저 사람이 나한테 왜 이렇게 불친절하게 인사하지?", "저 사람은 왜 내가 시작한 대화를 이렇게 빨리 끝내버리는 거지?", "저 사람은 왜 나에게 한 번도 밥 먹으러 가잔 말을 안 하지?" 세네카는 다른 사람들을 불신하고 그럼으로써 계속해서 분노하기보다 가끔은 실망할 것을 감수하고라도 깊이 신뢰하는 편이 낫다고 조언했다.

> 설마 사냥꾼이 야생 때문에 화가 났다고 생각하는가? 화는 아무런 쓸모가 없네. 심지어는 학살이나 전쟁에 대해서도 말이야. 화는 사람을 경솔하게 만드는 경향이 있어. 화가 나서 타인을 위협할 때 정작 자기 자신의 위험은 경계하지 못하지. 가장 확실한 용기는 오랜 시간 동안 주변을 둘러보며 스스로를 제어하고, 용의주도하고 계획적으로 목표를 향해 다가가는 것이네.
>
> ─『화에 대하여』

세상에 우리의 분노를 당연히 받아야 할 대상은 없다. 세네카에 따르면 세상의 모든 것들은 우리의 웃음과 눈물만을 받아야 한다.

미국의 철학자 마사 누스바움Martha Nussbaum은 『분노와 용서Anger and Forgiveness』에서 세네카와 비슷한 의견을 전개했다. 웃음은 분노를 치료하는 좋은 약이고, 웃지 못하겠다면 분노하기보다는 차라리 슬퍼하는 편이 낫다는 것이다. 그에 따르면 소년들은 분노가 남성의 전유물이라는 사고방식 속에서 자란다. 우리가 이런 식으로 분노를 자연스러운 감정이라고 설명하는 한 분노는 우리 문화에서 절대 사라지지 않는다. 누스바움은 분노가 더 이상 시대와 맞지 않는 감정이라고 말했다. 그래서 그녀는 분노하되 분노를 다스리기만 하면 된다는 아리스토텔레스의 견해에는 동의하지 않았다. 다만 부당한 일을 당했을 때 복수를 꾀함으로써 발생하는 감정이 분노라는 견해에는 동의했다. 아리스토텔레스와 누스바움 모두 복수심에 분노의 본질적 특징이 있다고 본 것이다.

누스바움에 따르면 복수는 두 가지 종류로 현실화된다. 하나는 보복을 통한 것이고, 다른 하나는 그 상황을 만들어낸 사람을 굴종시키는 것이다. 누스바움은 이 두 가지 모두 어리석은 짓이라고 말했다. 타인에게 그릇된 짓을 저지른 사람을 괴롭힘으로써 세상의 균형을 바로잡을 수 있다고 여기는 행동이기 때문이다. 그에 따르면 타인의 굴종을 바라는 것 또한 그 자체로 부도덕하다. 오늘날 우리는 부당함이 법률체계 안에서 정당하게 보복당할 것을 믿고 있다. 그렇기에 분노는 시대착오적인 감정이다.

누스바움은 과도기적 분노를 지지했다. 이런 형태의 분노는 넬슨 만델라나 마하트마 간디, 마틴 루서 킹과 같은 위인들에게서 발견된다. 이들은 복수해야겠다는 충동을 따르지 않고 미래 지향적인 협력이라는 감정에 따라 그들에게 부당한 짓을 저지른 사람들에게까지 동기를 부여한 인물들이다. 이런 감정은 '나를 이렇게 모욕하다니! 어떻게든 복수해야 해!'라는 생각이 들 때 나타난다. 이것은 사실 진정한 분노가 아니다. 중요한 것은 복수가 아니기 때문이다. 오히려 노여움에 가깝다고 볼 수 있다. 세네카와 누스바움은 우리 삶에서 분노를 가능한 한 제거해야 한다고 주장했다.

독일의 철학자 페터 슬로터다이크Peter Sloterdijk는 자신의 정치심리 에세이인 『분노는 세상을 어떻게 지배했는가Zorn und Zeit』에서 분노의 구조적 조작을 다루었다. 그는 플라톤의 계승자로서 인간의 이성ratio, 사랑eros, 격정thymos을 구분했다. 서양인들은 주로 사랑, 즉 쾌락과 향유를 추구하는 데 가장 집중했다. 하지만 세상만사를 결정한 것은 격정, 즉 분노였다. 슬로터다이크가 생각하기에 격정은 비슷한 감정인 분노, 복수심은 물론이고 자존심, 공명심, 강한 자기주장 욕구, 긴급한 전투태세 등을 포괄하는 상위개념이다.

그에 따르면 격정의 긍정적인 면을 활용하고 부정적인 면을 피하는 것이 중요하다. 슬로터다이크는 인류의 역사에서 많은 것을 황폐하게 만든 격정, 즉 분노의 부정적인 면을 잘 알고 있었다. 하지만 둔감하고 무딘 서양 국가에는 격정의 긍정적인 면이 필요하다고 생각했다. 말하자면 사람들과 자연에 가해진 부당함에 대한 정당한 분노가 필요하다고 본 것이다. 그의 견해에 따르면 동양 국가에는 분노가 너무 많고, 서양 국가에는 너무 적었다. 슬로터다이크는 한 인터뷰에서 이렇게 말한 적이 있다. "서양 문화는 격정적으로 변해야 하고 동양 문화는 관능적으로 변해야 한다."

우리가 익히 알고 있다시피 많은 철학자들이 수백 년 전부터 분노를 다루는 올바른 방법을 찾고자 노력했다. 앞서 언급했듯 우리에게는 적어도 분노를 다룰 세 가지 가능성이 있다. 그것을 다스리거나 제거하거나 아니면 긍정적인 방향으로 사용하는 것이다. 물론 이 모든 측면에는 각각 약점이 있다. 분노의 고삐를 틀어쥐고 그것을 다스려야 한다는 플루타르코스의 조언은 이성적이고 납득 가능한 것이지만, 동시에 분노한 나머지 눈에 뵈는 것이 없는 사람은 대개 가장 마지막 순간에야 이성적인 반응을 할 수 있다는 약점이 있다. 한편 세네카와 누스바움은 분노가 자연스럽지 않은 감정이므로 제거해야 한다고 봤다. 하지만 대부분의 심리학자가 분노를 보편적이고 자연스러운 감정이라고 본다는 사실을 생각하면 그들의 주장은 힘이 떨어진다.

이처럼 다양한 문화권의 모든 사람이 오랜 세월 동안 축적해온 경험에 속한 감정을 제거한다는 건 분노를 다루는 유용한 방법이 아니다. 이런 방법은 오히려 그 감정에서 자유로워질 수 없다는 이유만으로 퇴적된 좌절이나 잠재적 분노로 이어질 수 있다. 슬로터다이크는 분노라는 감정의 긍정적인 측면을 지지했다. 다만 복수심 없는 분노가 존재 가능한지 여부는 의심해봐야 한다. 어쩌면 복수심은 분노를 구성하는 일부분일지도 모른다.

미국의 예술가이자 사진작가인 크리스 조던Chris Jordan은 분노를 다루는 네 번째 가능성을 강조했다. 조던은 바다를 위협하는 플라스틱 오염 문제를 사진으로 알리겠다는 목표를 세웠다. 그런데 어느 순간부터 그 프로젝트를 더 이상 진행할 수 없었다. 그 모든 부당함을 직접 목격하면서 분노가 들끓었기 때문이다. 그러다가 그는 분노의 이면에 깊은 슬픔이 감추어져 있었다는 사실을 깨달았다.

> 나는 우리 모두가 스스로에게 깊은 슬픔을 느끼도록 허락해야 한다고 생각한다. 분노와 격노, 그리고 수치는 표면적인 감정이다. 반면 슬픔은 내면의 깊은 감정이다. 슬픔과 사랑은 인간의 감정 중 가장 깊은 두 가지다. 우리가 자신에게 진심으로 슬퍼하도록 허락한다면 그것은 변혁적인 경험이 될 것이다.

나는 조던의 말에서 분노를 다스리거나 제거하거나 긍정적으로 사용하는 방법을 뛰어넘어 그것을 다루는 방법을 찾을 수 있다고 생각한다. 우리는 분노가 차오르는 순간을 경험하며 사는 방법을 배워야 한다. 철학자들조차 분노를 완벽하게 극복하는 가장 적합한 방법을 찾아내지 못했다. 일단 분노가 일어나면 우리는 최대한 피해를 일으키지 않으면서 그것을 폭발시키는 것 외에는 달리 할 수 있는 일이 없다. 그런 다음에야 스스로 느낀 분노를 탐구하고 그 과정에서 자기 자신을 더 깊이 경험할 수 있다. 이쯤 되니 우리가 원하는 무언가가 있지만 그리로 가는 길은 가로막혀 있는 듯하다.

이런 사고과정에서 스토아주의Stoicism로 잠시 눈길을 돌려볼 필요가 있다. 스토아주의란 기원전 400년경 그리스에서 발생한 철학적 흐름이다. 스토아주의 지지자들은 네 가지 기본 감정을 구분한다. 바로 기쁨, 두려움, 슬픔, 욕망이다. 심리학 분야에서는 오랜 시간 동안 인간에게 네 가지 기본 감정보다 많은 감정이 있다는 생각이 지배적이었다. 하지만 최근의 연구, 특히 글래스고 대학교의 심리학 교수인 레이첼 잭Rachael Jack의 연구에 따르면 오늘날 많은 심리학자들은 인간의 네 가지 기본 감정을 지지한다. 다만 이들이 주장하는 기본 감정은 기쁨, 두려움, 슬픔, 그리고 분노다. 스토아학파가 주장했던 기본 감정 중 욕망이 지워지고 그 자리를 분노가 대체한 것이다.

이런 관점에서 분노를 바라보면 우리는 그 뒤에 어떤 욕구가 숨어 있는지 철저히 파헤칠 수 있다. 우리가 슬프다면 왜 슬픈지, 그리고 달리 어떤 행동을 할 수 있는지가 명확하다. 그러나 우리는 분노라는 감정 때문에 그 뒤에 숨겨진 슬픔이나 욕망을 쉽게 알아채지 못하고 지나친다. 우리가 스스로의 길을 가로막는 셈이다.

분노한 순간에 우리는 발을 구르며 온몸으로 화를 표출하는 어린아이에게 던지는 질문을 스스로에게 똑같이 던져야 한다. "도 대체 네가 지금 원하는 게 뭐야?" 분노 뒤에 숨은 진정한 소망을 구체화하는 데 성공하면 감정이 변한다. 갈등도 순식간에 누그러 진다. 심각하게 다투다가 "그래서 네가 지금 원하는 게 뭔데?"라 고 말한 다음 상대방이 진정으로 원하던 것이 무엇이었는지 알게 된 순간 안도하게 된 경험이 누구에게나 있을 것이다.

한 가지 예를 들어보자. 한 여자가 애인에게 비밀로 하고 여행 상품을 예약했다. 그런데 그녀가 티켓을 보여주자 실망스럽게도 애인은 감동하기는커녕 짜증을 부리며 화를 냈다. 그다음 벌어진 상황은 서로에게 책임을 전가하는 격렬한 다툼이었다. 그러다가 여자가 애인에게 도대체 왜 그렇게 화가 났느냐고 물었다. 그제서 야 그는 솔직하게 털어놓았다. 이제까지 그는 애인들과의 휴가 여 행을 함께 계획한 적이 한 번도 없었다. 늘 애인들이 먼저 계획을 세워두었기 때문에 그는 그저 동행인 역할만 했고, 그래서 만약 그녀와 여행을 간다면 함께 계획을 세우고 싶었다는 것이다. 여자 는 그제야 그가 왜 화를 냈는지 깨달았다.

분노의 이면에는 항상 긍정적인 욕망이 숨어 있다. 이 욕망에 주목한다면 분노에 휩싸이는 대신 그 에너지를 더 나은 미래를 설 계하는 데 사용할 수 있다. 그렇다고 우리가 분노하지 않고 살 수 있는 것은 아니다. 다만 분노한 순간을 긍정적으로 바꿀 계기를 마련할 수는 있다는 뜻이다.

특히 지금과 같은 시대에는 자신의 분노를 다루는 방법을 배워두면 유용하다. 네덜란드의 정치인이자 철학자인 시버 사프Sybe Schaap는 『복수심에 불타는 독: 불쾌감의 전진Het rancuneuze gif: de opmars van het onbehagen』에서 네덜란드 사회를 이렇게 진단했다.

> 네덜란드인들은 화와 짜증으로 가득하고 남을 잘 용서하지 않으며 복수심에 불타고 있다. 이런 분노는 병에 가까우며 위험하다.
> — 『복수심에 불타는 독: 불쾌감의 전진』

샤프에 따르면 분노는 수십 년 전부터 점점 대중의 특징적인 요소가 됐다. 인도의 작가 판카지 미슈라Pankaj Mishra는 전 세계적으로 분노가 발달하고 있다고 말했다. 그는 2017년 펴낸 『분노의 시대The Age of Anger』에서 전 세계 사람들이 죽음의 무도Danse Macabre에 빠져 있다는 핵심 주제를 전달했다. 죽음의 무도에 빠진 우리는 계속해서 분노를 불러일으키는 끔찍한 형상과 목소리에 둘러싸여 있다는 것이다. 이런 분노가 갈망과 욕망을 뒤덮는 감정으로 진지하게 받아들여진다면 사회적 논의의 방향이 완전히 바뀌게 된다.

많은 사람이 분노를 표면적인 감정인 것으로 이해하기에 애써 억누르려 한다. 하지만 분노의 이면에 본질적인 무언가가 숨어 있다는 사실을 인식해야 한다. 분노는 우리에게 어떤 신호를 보낸다. 우리가 분노에 관해 올바른 질문을 던질 수 있다면 분노는 우리에게 좋은 조언자가 될 수도 있다. 과연 어떤 긍정적인 욕구가 분노에 가려 보이지 않았던 걸까? 그 욕구를 발견한다면 우리는 어떻게 행동해야 할지 더 잘 알게 될 것이다.

레바논 출신의 유명한 작가이자 철학자인 칼릴 지브란Kahlil Gibran은 『예언자The Prophet』에서 슬픔을 이렇게 서술했다. "슬퍼지거든 마음속 깊은 곳을 다시 들여다보아라. 기쁨을 주었던 것에 대해 그대가 눈물을 흘리고 있다는 진실을 깨닫게 될지니." 이 조언을 분노에 적용한다면 이렇게 말할 수 있다. "화가 나거든 마음속 깊은 곳을 다시 들여다보아라. 그러면 분노가 너로 하여금 좋은 것을 욕망하도록 했기 때문에 네가 화가 났다는 사실을 알게 될지니."

4

충분한 것을
충분하다고 여기는 방법

불만에 관하여 ～～～～～～～～～～～～

"인간의 욕망은 타인의 욕망이다."

– 자크 라캉

몇 년 전 나는 무려 서른아홉 번을 연이어서 거절당했다. 내가 제출한 지원서 중 어떤 것도 다음 단계인 면접으로 이어지지 않았다. 여러 기업의 정규직 혹은 시간제 직원으로 일하려고 노력했던 일주일이라는 시간이 물거품이 됐다. 강사든 택배 배달원이든 상관없이 어떤 직종에 지원하든 퇴짜를 맞았다. 내 자존감을 조금씩 갉아먹는 일이었음에도 내면에서 긍정적인 변화가 일어났다. 드디어 어떤 일을 하든 만족할 수 있는 순간이 왔구나!

마침내 어느 날 나는 내가 받은 직업교육에 딱 맞는 동시에 늘 하고 싶었던 일을 하게 됐다. 중학교의 철학교사가 된 것이다. 게다가 그 이후 여러 조직과 단체에서 워크숍과 강연을 진행했다. 얼마 안 돼 철학자로서 여러 행사와 회의에 꾸준히 참석하고 시민들의 박물관 관람을 안내할 수 있었다. 1년 전만 해도 꿈에서조차 감히 바라지 못했던 일이었다. 그런데 늘 원하던 일을 하게 됐음에도 마음속에 불안이 싹텄다. 꿈만 같던 일을 실제로 경험하고 나니 더 많은 것을 원하게 됐다. 더 많은 강연, 더 높은 유명세, 더 큰 무대 등등. 내가 현재 갖고 있는 것을 즐기기는커녕 더 많은 것을 원하느라 바빴다. 가진 것이 많아질수록 내가 아직 갖지 못한 것들을 갈망하느라 불만은 깊어만 갔다.

에피쿠로스는 이에 관해 다음과 같은 잠언을 남겼다. "충분한 것을 너무 적다고 여기는 사람에게는 아무것도 충분하지 않다." 에피쿠로스의 철학 학교는 아테네에 있는 그의 집 정원이었다. 이 정원은 높은 담으로 둘러싸여 길거리와 철저히 분리되어 있었기 때문에 그 안에서 벌어지는 일을 두고 많은 이들이 제멋대로 떠들어댔다. 소문의 근원지였던 이곳은 현관 문패에 쓰인 글귀 때문에 더 큰 억측을 불러일으켰다. "낯선 이여, 여기 머무는 편이 좋을 것이다. 이곳에서는 욕망이 가장 소중한 재산이다."

사람들은 그 안에 모인 이들이 고삐가 풀린 것처럼 육체적 쾌락만을 추구하느라 연회를 열고 난교하고 술을 부어라 마셔라 할 것이라고 생각했다.

에피쿠로스는 이런 소문에 반박했다. 그는 만족과 욕망이 다른 어떤 것보다 추구할 가치가 있는 것임에는 틀림없지만 육체적 욕망만 충족시켜서는 아타락시아의 경지에 도달하지 못한다고 설명했다. 또한 인간은 신체적 고통과 영혼의 불안을 전부 털어내야 비로소 가장 높은 쾌락에 도달할 수 있다. 무엇보다도 충분한 것

을 충분하다고 여기는 법을 배워야만 그 상태에 도달할 수 있다고
도 했다.

　에피쿠로스는 학생들에게 만족하는 법을 가르치려고 욕망을
세 가지로 구분했다. 첫째, 자연스러우며 반드시 필요한 욕망, 둘
째, 자연스러우나 반드시 필요하지는 않은 욕망, 셋째, 자연스럽지
않으며 반드시 필요하지도 않은 욕망. 앞서 우리는 분노의 이면에
숨은 욕망을 발견하는 편이 좋다고 배웠다. 그런데 에피쿠로스는
모든 욕망을 따르지 않도록 주의해야 한다고 조언한다. 그의 조언
에 따르면 우리는 첫 번째 욕망, 자연스러우며 반드시 필요한 욕
망에만 집중하고 나머지 욕망에서는 벗어나야 한다.

자연스러우며 반드시 필요한 욕망	자연스러우나 반드시 필요하지는 않은 욕망	자연스럽지 않으며 반드시 필요하지도 않은 욕망
· 굶지 않는 것 · 목마르지 않는 것 · 춥지 않은 것 · 사랑 · 우정 · 생각의 자유 · 편안함 · 안전 · 건강	· 좋은 것을 많이 　먹는 것 · 좋은 것을 많이 　마시는 것 · 비싼 옷을 많이 　갖는 것 · 너무 많은 친구 · 잦은 휴가 및 여행 · 넓은 집	· 지위 · 부 · 성공 · 권력

자연스러우며 반드시 필요한 욕망이란 인간이 태어날 때부터 품고 있던 동시에 살아남으려면 반드시 충족되어야 하는 욕망이다. 배고픔이나 목마름, 추위, 고통, 외로움과 같은 불편함에서 벗어나는 것 또한 욕망이라고 할 수 있다. 에피쿠로스에 따르면 모든 어린이는 충분히 먹고 마시고 추위에서 보호받고 사랑받고 친구를 사귈 필요가 있다. 이런 기본적인 욕망이 충족된 삶을 살았다면 우리는 어려서부터 가장 높은 욕망 상태, 다시 말해 가장 높은 쾌락의 상태인 아타락시아를 경험한 셈이다.

욕망의 두 번째 종류, 즉 자연스러우나 반드시 필요하지는 않은 욕망은 인간만의 전형적인 욕망이다. 이것은 살아가면서 불필요하게 커진다. 이 욕망 때문에 우리는 꼭 필요한 것들을 즐기지 못한다. 이미 가졌음에도 계속해서 더 많은 것을 바라기 때문이다. 늦은 밤에 소파에 앉아 있는데 왠지 출출하다. 이때 간식을 먹는 것은 자연스럽고 반드시 필요한 욕망이다. 그러나 혼자서 감자칩 한 봉지를 전부 먹을 필요는 없다. 어떤 욕망이 반드시 필요한 것인지 알아보고 싶다면 에피쿠로스가 학생들을 위해 고안해낸 간단한 테스트를 해보면 된다. 그 욕망이 충족되지 않으면 고통이 따르는지 자신에게 물어보는 것이다. 만약 그렇지 않다면, 그 욕망은 불필요한 것이다.

예를 들어 신발을 신는 것은 자연스러우며 꼭 필요한 욕망이다. 그래야 발바닥의 고통을 방지할 수 있기 때문이다. 그런데 이미 신발이 네 켤레나 있다면 다섯 번째 신발을 구입할 필요는 없다. 즉 다섯 번째 신발을 사고 싶다는 욕망은 에피쿠로스에 따르면 자연스러우나 반드시 필요하지는 않은 욕망이다. 이런 욕망은 우리가 그것에 굴복할수록 더욱 강력해진다는 데 문제가 있다. 다섯 번째 신발을 구입하고 나서 얼마 안 돼 또 다른 신발이 눈에 들어올 테니 말이다.

충분한 것을 충분하다고 여기지 못하는 사람은 삶을 즐기는 법을 모르며 점차 그 어떤 것에도 만족하지 못하게 된다. 이것은 음식이나 신발뿐만 아니라 우정 같은 것에도 해당한다. 보다 많은 친구를 사귀는 데 집중하다 보면 이미 친한 친구들과의 우정에 감사하고 기뻐하는 법을 잊는다. 에피쿠로스는 이미 가진 것보다 부족한 것에 눈을 돌리는 태도를 주의하라고 경고했다. 그가 학생들에게 늘 감사하는 마음을 가지라고 가르친 것도 같은 이유에서다. 에피쿠로스는 학생들에게 하루의 매 순간에 경탄하라고 가르쳤다. 그의 제자인 호라티우스Horatius는 스승의 가르침에 따라 다음과 같은 글을 남겼다.

그대에게 밝아오는 모든 새로운 날을 마지막 날이라 생각하라. 그대는 예기치 않은 모든 시간을 행복과 경탄에 차 바라보게 될 것이며, 주어진 시간을 마치 대단한 행운인 양 받아들일 것이다.

— 『서간시 Epistulae』

철학이 삶을 위로할 때

세 번째 욕망은 자연스럽지도 않고 반드시 필요하지도 않은 욕망이다. 즉 인간에게 선천적으로 필요하지도 않고 살아남는 데 필요한 것도 아니다. 지위나 권력, 부를 좇는 욕망을 생각해보라. 쇼펜하우어는 에피쿠로스를 따라 이런 욕망의 문제가 무엇인지 설명했다.

> 부란 바닷물과 같다. 더 많이 마실수록 더 목마르다.
>
> —『인생론』

에피쿠로스에 따르면 사람이 부나 지위 같은 불필요한 것을 즐기는 건 문제가 아니다. '어떤 욕망도 그것 자체가 악은 아니기' 때문이다. 그가 중요하게 생각했던 것은 처음으로 욕망이 충족된 그 이후의 욕망이다. 그 이후의 욕망은 절대 충족되지 않는다. 욕망이 충족됐을 때의 희열을 맛보면 사람은 더 많은 것을 바랄 수밖에 없다. 그리고 거기서부터 불만이 싹튼다. 바로 이 감정이 내가 마침내 오랫동안 바라던 일을 시작하고 나서 느낀 것이다. 이런 욕망 때문에 우리는 정말로 의미 있는 것에 주의를 기울이지 못한다. 우리는 커리어를 쌓는다는 이유로 얼마나 많은 저녁과 주말을 일에 빠져서 가족, 연인, 친구 등과의 관계를 망치는가? 우리는 자연스럽지도 않고 반드시 필요하지도 않은 욕망을 추구하느라 인생에서 가장 중요한 사람들과의 관계를 등한시한다.

2017년 10월, 세계적인 물리학자인 아인슈타인이 쓴 쪽지 한 장이 경매에서 110만 유로에 낙찰됐다. 아인슈타인은 1922년 도쿄의 한 호텔에 머물렀는데 당시 수중에 현금이 없어 호텔 벨 보이에게 이 쪽지를 팁 대신 건넸다. 아인슈타인은 벨 보이에게 쪽지를 주며 시간이 지나면 일반적인 팁보다 훨씬 값어치 있어질 테니 그 쪽지를 잘 보관하라고 말했다. 쪽지에는 이런 문장이 쓰여 있었다. "평온하고 소박한 삶이, 성공을 추구하며 끊임없는 불안에 시달리는 삶보다 더 행복하다."

우리는 왜 스스로를 만족할 줄 모르게 만들고 정말 중요한 것들에서 멀어지게 만드는 욕망에 빠지는 걸까? 에피쿠로스에 따르면 우리가 불가피한 것들 때문에 느끼는 고통을 피하려고 하는 바로 그 순간에 이런 일이 벌어진다. 예를 들어 사랑받지 못하거나 외롭거나 불안할 때, 그런 감정에서 벗어나고 싶은 순간 우리는 욕망에 스스로를 내맡긴다. 자신에게 결핍된 것을 조금이나마 채우고자 다른 욕망을 충족시키는 데 몰두하는 것이다. 에피쿠로스는 이에 대해 "우리가 아무런 고통을 느끼지 않는다면 더 이상 욕망이 필요치 않을 것이다."라고 말했다.

에피쿠로스와 아인슈타인의 조언이 결실을 맺지는 못한 모양이다. 오늘날 우리는 가능한 한 많은 욕망을 추구하도록 서로 부추기는 세상에 살고 있기 때문이다. 사람들은 이렇게 말한다. "마음만 먹으면 뭐든 손에 넣을 수 있어." "의지가 있는 곳에 길이 있어." "꿈은 크게 가져야지." 사회에는 지위, 권력, 부, 그 외의 자연스럽지 않으면서 반드시 필요하지도 않은 것들을 추구하는 욕망이 널리 퍼져 있다. 세상의 경제체계를 작동시키는 전제조건은 내 손안에 있는 것이 절대 충분하지 않다는 생각이다. 이런 것들이 욕망을 키운다. 오프라인에서든 온라인에서든 계속해서 새롭고 더 나은 물건을 사도록 우리를 둘러싸고 유혹하는 광고를 보면 잘 알 수 있다.

그런데 정말로 내 욕망은 타인이 나에게 불어넣은 것일까? 나 자신이 만들어낸 욕망이 아닌 걸까? 이것은 철학 분야에서 끊임없이 논의되어온 매우 어려운 주제다. 프랑스계 미국인 철학자 르네 지라르René Girard는 '모방적 욕망'이라는 개념을 주장했다. 지라르에 따르면 욕망은 우리가 타인을 모방하기 때문에 발생한다. 즉 우리는 타인을 보고 무엇을 욕망해야 하는지를 배운다는 뜻이다. 이때 타인이란 부모, 친구 혹은 영화나 책일 수도 있다.

예전에 합창단 단원이던 지인을 찾아간 적이 있다. 그의 네 살 난 아들이 그에게 바흐의 CD를 틀고 싶지 않느냐고 물었다. 그 아버지는 나를 보며 자랑스럽다는 표정으로 "아들과 내 음악 취향이 똑같다니 정말 기분이 좋아요."라고 말했다. 순간 나는 지라르가 옳았다고 생각했지만 굳이 친구에게 이런 이야기를 하지는 않았다.

〈지젝의 기묘한 영화 강의〉라는 다큐멘터리 영화에서 슬로베니아 출신의 철학자 슬라보예 지젝Slavoj Žižek은 우리가 전혀 눈치채지 못하는 사이에 영화 또한 우리의 욕망을 일깨울 수 있다고 주장했다. 이 다큐멘터리 영화는 다음과 같은 말로 시작한다.

> 인간의 욕망이란 자발적이거나 자연스러운 것이 아닙니다. 우리의 욕망은 인위적인 것입니다. 우리는 배워야만 욕망할 수 있습니다. 영화는 여러분에게 욕망의 대상이 아니라 욕망하는 방법을 알려줍니다.

이러한 주장은 모든 문화권에서 통용된다. 가장 명확한 예시가 바로 유행이다. 스키니 진처럼 특정한 바지 모양이 갑자기 '힙한' 것이 되면 그제야 사람들은 그것에 눈길을 돌린다. 처음에는 흉할 정도로 이상하고 못생겼다고 생각하지만, 얼마 후에는 스스로 그 바지를 입기 시작하고 시간이 조금 지나면 도대체 어떻게 그동안 통이 넓은 바지를 입고 다녔는지 상상조차 하지 못한다. 레이크스 미술관의 코스튬 큐레이터인 비안카 뒤 모르티르Bianca du Mortier는 저널리스트인 헤이르트 막Geert Mak이 2016년에 펴낸 책 『얀 식스의 수많은 삶De levens van Jan Six』에서 18세기 신부들의 웨딩드레스가 왜 가슴을 강조하는 형태가 아니었는지 설명했다.

> 18세기에는 여성의 가슴이 그리 중요하지 않았고 젖꼭지는 전혀
> 관능적이지 않다고 여겨졌다. 오히려 다리나 발목 관절이 관능
> 적인 신체 부위였다. 만약 어떤 여자가 눈앞에서 계단을 올라가
> 면 남자들의 시선은 단숨에 그녀의 복사뼈로 향했다.

온전히 개인적일 것이라 여기는 성적 욕망 또한 그 사람이 살
고 있는 시대의 분위기와 문화적인 영향을 받는다는 말이다.

우리의 욕망이 정말로 학습된 것이라면, 그리고 욕망이 불만
의 원천이라면 욕망을 관리하는 방법을 발전시키려는 노력이 결
코 손해 볼 일은 아니다. 욕망 관리는 두 가지 부분으로 구성된다.
하나는 불만 예방하기이고, 다른 하나는 자신의 욕망을 더 강력하
게 의식함으로써 불만을 해소하는 것이다.

자신의 욕망이 어디서 어떻게 일깨워지는지를 적시에 인식하
면 불만을 예방할 수 있다. 욕망이 어떻게 생겨나는지를 더 날카
롭게 꿰뚫어 볼수록 우리는 자연스럽지 않으며 반드시 필요하지
도 않은 욕망에 사로잡히지 않을 수 있다. 욕망 관리라는 안경을
쓰면 온라인상에서 우리의 욕망을 일깨우려는 기업들에게 소중
한 시간을 지불하면서 부추김을 당하고 있었다는 사실을 깨닫게
된다.

유튜브나 스포티파이처럼 특정한 영상이나 음원을 반복해서 이용할 수 있는 서비스를 떠올려보자. 돈을 지불하고 프리미엄 계정을 사용하면 광고 없이 서비스를 이용할 수 있다. 어떤 사람들은 프리미엄 사용료가 비싸다고 생각한다. 하지만 에피쿠로스라면 돈을 지불하지 않을 경우 욕망을 전염시키는 광고에 스스로를 내맡기게 될 것이라고 말했으리라. 이런 욕망은 예전에는 거들떠도 보지 않던 어떤 것을 갑자기 갖고 싶다는 내면의 불안을 불러일으킬 수 있다. 그런 이유로 우리는 안정과 집중력을 되찾으려고 프리미엄 사용료를 기꺼이 지불한다. 이런 일은 매일같이 벌어진다. 일주일 동안 자신의 새로운 욕망을 일깨우는 것들을 전부 의식해보라.

아마 당신은 광고를 가장 먼저 떠올릴 것이다. 하지만 신문, 동영상, 드라마나 영화, 책에서 보는 모든 것들을 의식해야 한다. 어쩌면 오랜 친구와 이야기를 나누다가 갑자기 그 친구와 비슷한 집을 갖고 싶다는 욕망이 생길지도 모른다. 혹은 자신감 넘치는 태도로 이야기하는 토크쇼 진행자나 게스트를 보고 그 사람처럼 자신감을 키우고 싶다는 욕망을 느낄 수도 있다. 또는 친구나 직장 동료가 구입했거나 언급하는 물건을 보거나 듣고 관심이 생길지도 모른다.

직장 동료가 정년보다 이른 나이에 은퇴한다고 말하면 당신 또한 아직 은퇴할 나이가 아님에도 '나는 대체 언제까지 일해야 하지?'라는 생각이 들지 않겠는가? 저절로 생겨나는 욕망을 막을 수는 없다. 하지만 그것을 의식할수록 우리는 저항력을 기를 수 있다. 그리고 일단 욕망을 의식해야 그것에 자신의 시간, 힘, 주의력을 쏟아도 아깝지 않은지 판단할 수 있다.

욕망 관리를 위해 두 번째로 연습해야 할 것은 불만 해소하기다. 불만이 생기면 사람은 그 순간 자신에게 결핍된 것이 무엇인지 고민하게 마련이다. 하지만 에피쿠로스에 따르면 불만은 결핍이 아니라 욕망에서 비롯된다. 그러므로 현재 자신의 상황이 불만족스러운 이유가 어떤 욕망 때문인지 파악한다면 의연하게 대처해 불만을 해소할 수 있다.

상당히 부유한 시댁 혹은 처가댁에서 주말을 보내고 집에 돌아와 통장을 보니 잔고가 매우 불만족스럽다고 상상해보자. 에피쿠로스라면 이때 그 불만은 통장 잔고가 아니라 배우자의 가족만큼 부유해지고 싶다는 욕망에서 비롯되는 것이라고 말할 것이다. 이를 의식한다면 불만족스러운 감정을 두고 다음과 같은 질문을 던질 수 있다. "이 욕망이 채워진다면 나는 더 즐거워질까? 이 욕망이 채워지지 않는다면 나는 더 이상 행복하지 않을까?" 아마도 당신은 깊이 생각하지 않고도 '아니'라고 대답할 가능성이 높다. 당신은 배우자 부모님의 재산이 당신의 행복한 삶을 보장하지 않는다는 것을 이미 알고 있기 때문이다. 게다가 당신은 시댁 혹은 처가댁에서 주말을 보내기 전까지만 해도 자신의 삶과 상황에 만족하고 있었다.

앞선 질문에 '아니'라고 답했다면 이제 당신은 이 욕망을 조용히 잠재울 수 있다. 부를 축적하지 않더라도 앞으로 남은 삶을 계속해서 즐길 수 있는 것이다. 이런 질문을 던져 불만을 키우는 욕망을 공격한다면 현재 가진 것에 감사하는 일이 쉬워진다. 그러면 배우자의 부모님처럼 부자가 되려고 지나치게 열심히 일할 필요도 없고, 부자가 되지 못해 불만족스럽게 살 필요도 없다.

물론 욕망 관리를 연습한다고 해서 모든 불만을 예방하거나 해소할 수는 없다. 하지만 욕망 관리 연습은 우리에게 욕망이라는 감정을 다룰 새로운 방법을 알려준다. 에피쿠로스는 아직 갖지 못한 것을 추구하느라 이미 갖고 있는 것을 즐기는 기쁨을 완전히 망쳐버리는 것이 얼마나 어리석은지 보여주었다. 우리는 투자할 곳이나 새로 살 옷을 찾느라 바빠서 소파 바로 옆자리에 앉은 소중한 사람을 잊기도 한다. 에피쿠로스는 다음과 같이 정리했다. "나에게 없는 것을 욕망하느라 내가 가진 것을 경시해서는 안 된다. 그보다는 이미 내가 가진 것이 한때는 내가 추구하던 것임을 생각해야 한다."

5

자기 자신이 아닌
모습으로
살고 있다면

자아에 관하여 ～～～～～～～～～～～～～～～～

"모든 사람은 자신의 본질에 따른
존재가 되고자 할 때 행복하다."
— 호세 오르테가 이 가세트

"너 자신이 되어라!" 네덜란드의 HR 컨설팅 전문 기업인 란드스타트가 몇 년 전부터 사용하는 슬로건이다. 란드스타트는 회사 건물은 물론이고 광고, 웹 사이트, 각종 전단지와 게시물 등에 이 슬로건을 사용하고 있다. 의식하지는 않았겠지만 이로써 란드스타트는 한 가지 철학적 문제에 나름의 태도를 취했다. 작가이자 철학자인 장 폴 사르트르라면 사람은 본질적인 자신이 되어야 한다고 말하지 않았으리라. 오히려 그 반대로 이렇게 주장했을 것이다. "네가 앞으로 되는 그 사람이 되어라!" 억지스러운 말장난 같지만 이 두 가지 슬로건은 '자아'를 각기 다른 철학적 관점에서 바라본 내용이다.

자기 자신, 즉 '자아'라는 말을 사용할 때 우리는 내면에 있는 자신만의 고유하고 유일한 경험을 기반으로 생각한다. 또한 다른 사람에게 내가 '나 자신'일 수 있음을 보여주는 것이 중요하다고 생각한다. 깊이 생각해보면 이런 표현은 매우 이상하다. 마치 내가 나 자신이 아닌 다른 사람이 될 수 있기라도 한 것처럼 들리기 때문이다. 그럼에도 우리는 자신의 생각, 감정, 행동양식이 타인이 아닌 나라는 존재, 즉 내가 되고자 하는 어떤 존재와 일치하는 경험을 여러 차례 했다.

한편 우리는 화가 나서 '전혀 나답지 않은' 모습을 보이기도 하고, 때때로 '온전한 내가' 된 기분을 느끼기도 한다. 이런 모든 표현이 우리의 내면에 있는 본질을 명확하게 드러낸다. 철학의 역사에서는 우리가 이런 '자아'를 과연 자유롭게 형성할 수 있는지, 아니면 그것이 선천적으로 우리에게 부여된 것인지에 관한 질문이 끊임없이 되풀이됐다. 이 질문에 대한 답은 사람이 개인적인 발전을 어떻게 이해하는지를 보여준다.

> 고지식한 정신과 결정론적 변명 뒤에 숨어 자신들의 완전한 자유를 도무지 인정하지 않으려는 자들을 나는 겁쟁이라 부르겠다. 한편 사실 인간이 지구상에 존재하는 것은 우연한 일인데 자신의 존재가 필연적인 것이라도 되는 양 증명하고자 애쓰는 자들을 나는 개자식이라 부르겠다.
>
> — 『실존주의는 휴머니즘이다L'existentialisme est un humanisme』

이 글을 읽으면 사르트르가 매우 격분해 있었다는 사실을 알 수 있다. 왜냐하면 그가 공격적으로 묘사한 사람들이 그의 실존주의적 철학의 핵심과는 완전히 반대되는 사상을 드러냈기 때문이다. 사르트르 사상의 기점은 우리 인간이 절대적으로 자유롭다는 것이다. 사르트르는 '결정론적 변명'이니 '필연적 존재'니 하는 개념과 거리를 두었다. 그는 사람이 그 자체의 존재 뒤에 숨어 있거나 혹은 그 자체로서 존재하는 것 외에는 달리 할 수 있는 일이 없다고 주장했다.

란드스타트의 슬로건 또한 사르트르가 거리를 두었던 사고방식과 비슷하다. 그 슬로건은 마치 사람이 태어날 때부터 '나 자신'에 대한 어떤 대본을 갖고 있으며 그 대본에 따라 삶을 꾸린다는 것처럼, 말하자면 인간이란 사전에 프로그래밍된 존재라는 것처럼 보인다. 사르트르는 이런 사고방식을 혐오했다. 그는 우리가 우리의 삶과 정체성을 온전히 스스로 만들어낼 수 있다고 생각했다.

사르트르의 실존주의는 인간의 삶, 즉 그 실존이 인간의 존재, 즉 그 본질에 선행한다는 생각에서 출발한다. 우리는 이미 만들어진 자아를 지니고 세상에 태어나 살아가는 동안 그것을 실현하는 게 아니다. 우리의 본질은 우리가 하는 숱한 선택과 결정에 따라 만들어진다. 사르트르는 이를 매우 고집했다. 그는 인간이 행동의 결정체라고 봤다. 내가 누구인지를, 다시 말해 나의 자아를 보여줄 수 있는 것은 오로지 내가 살아가는 삶, 내가 내리는 결정, 그로 인해 내가 되는 인물이다. 사르트르는 이것이 인간에게 무거운 짐을 지우리라는 사실을 잘 알고 있었다. 그의 견해에 따르면 인간은 자신의 존재에 대해 스스로 책임을 져야 한다. 그리고 계속해서 스스로 자신의 존재, 즉 본질을 만들어내야 한다.

사르트르는 바로 그 지점에 우리의 자유가 있다고 강조한다. 그는 사람들이 어떤 존재가 되어야만 하는지 슬로건을 내세우고 스스로 그런 존재가 되는 편이 좋다고 봤다. 인간은 스스로를 미래에 기투企投(스스로를 내던진다는 뜻)해야 한다. 인간은 계속해서 자신을 발견해야 하는 존재다. 우리의 존재는 과거가 아니라 우리가 직접 개척하는 미래에 따라 결정되기 때문이다. "인간은 그가 스스로 만드는 존재다." 즉 인간은 스스로 되는 존재이지 정해진 대로 되는 존재가 아니다.

사르트르는 자신이 주장한 실존주의적 의견이 몇몇 사람들의 맹렬한 반박에 시달리는 이유를 잘 알고 있었다. 그것은 그들이 자신의 불행을 조금이나마 참고 견디는 데 사용하던 수단을 사르트르가 빼앗아버렸기 때문이다. 인간은 타고난 대로 되는 존재라고 생각하는 편이 훨씬 간단하다. 우리가 종종 "난 원래 그래."라고 말하는 것을 보면 알 수 있다. 우리는 많은 사람이 그들의 행동의 근원을 유년기까지 거슬러 올라가는 경우를 자주 보고 듣는다. "어쩔 수 없어. 난 원래 그랬고 앞으로도 그럴 거야." "내 안에는 사실 지금 내 현실보다 더 큰 잠재력이 있어." 사르트르에 따르면 이런 사고방식은 책임 회피나 마찬가지다.

그는 이런 모든 핑계를 설명할 특별한 개념을 만들어냈다. 바로 '자기기만mauvaise fois'이다. 이것은 삶의 불행이나 행복의 유무에 스스로가 영향을 미칠 수 없다고 생각하는 잘못된 신념 혹은 나쁜 믿음이다. 사르트르는 스스로 보여줄 수 있는 것보다 더 많은 잠재적 능력이 있다고 믿지 말라고 경고했다. 자신에게 실제보다 큰 능력이 있다고 믿는 것은 자신의 자유를 완전히 누리지 못하는 삶을 사는 것이나 마찬가지다. 오직 우리의 행동만이 우리가 누구인지를 보여준다.

사르트르가 널리 알린 실존주의는 특히 아리스토텔레스가 주장하던 본질주의와는 반대다. 아리스토텔레스가 살아 있었다면 사르트르와는 달리 란드스타트의 슬로건에 깊은 인상을 받았을 것이다. 본질주의자들의 생각에 따르면 인간은 선호도나 능력, 행동양식 등을 결정하는 본질을 타고난다. 이 본질은 우리 삶의 시작과 동시에 존재한다. 그러므로 우리가 천부적으로 타고난 본질을 실현하는 과정이 바로 삶이다.

아리스토텔레스는 세상의 모든 일이 주어진 목적을 위해 발생한다고 설명했다. 만약 누군가가 아리스토텔레스에게 왜 비가 내리느냐고 물었다면, 아리스토텔레스는 이렇게 대답했을 것이다. "비에 땅을 적실 목적이 있기 때문이다." 이런 관점은 목적론적 세계상을 묘사한다. 아리스토텔레스에 따르면 인간의 목적은 '행복해지는 것'이다. 행복해지는 방법은 좋은 경험을 가능한 한 많이 하는 것이 아닌데도 많은 사람이 그렇게 생각하고 있다. 이러한 쾌락주의적인 생각은 삶을 그저 일시적인 충족의 순간들로 채울 뿐이다. 아리스토텔레스는 행복으로 가는 이 방법에 그리 큰 기대를 걸지 않았다.

> 많은 이들이 앞장서서 가축의 삶을 살며 스스로가 완전한 노예임을 입증한다.
>
> —『니코마코스 윤리학Ethica Nicomacheia』

아리스토텔레스는 사람들이 행복으로 가는 더 숭고한 길을 제쳐두고 다른 길로 가고 있다고 생각했다. 더 숭고한 길이란 자아실현이다. 이것이 바로 인간의 목적이다.

당신에게 휴가가 주어졌다고 상상해보라. 주어진 선택지는 두 가지다. 하나는 일주일 동안 소파와 한몸이 되어 초콜릿과 감자칩, 와인과 맥주를 손에 들고 넷플릭스 시리즈를 연속해서 보는 것이다. 다른 하나는 세계여행을 하며 찍은 사진을 정리해 앨범을 만들고 텃밭을 본격적으로 가꾸는 것이다. 당신에게 창작력과 원예 능력이 있다고 전제했을 때, 아리스토텔레스라면 두 번째 선택지를 고르라고 조언할 것이다. 행복해지려면 사람은 능동적이어야 한다.

그렇다면 우리는 대체 무엇을 해야 할까? 사람은 자신의 능력을 실현했을 때 행복하다. 그리고 그 능력은 이미 우리에게 주어져 있으며 다만 활짝 펼쳐질 순간을 기다리고 있다. 즉 삶의 의미는 우리의 내면에 숨어 있다. 우리가 해야 할 일은 단 하나, 바로 자신의 특별한 능력이 무엇인지 발견해 그것을 발휘하는 것이다. 아리스토텔레스에 따르면 우리는 인간으로서 모든 정신적, 도덕적 능력을 발전시켜야 한다. 지식을 풍성하게 하고 자기 자신뿐 아니라 함께 공동체를 구성하는 타인까지도 좋은 삶을 살도록 노력해야 한다는 뜻이다. 그러려면 모든 개인이 우선 고유의 능력을 찾아야 한다. 우리는 특정한 활동에 진지하게 임하면서 기쁨을 느끼는 순간 자신의 능력을 발견할 수 있다. 아리스토텔레스는 수공업자에 관해 다음과 같이 썼다.

그러므로 창조자란 말하자면 활동함으로써 그의 업적이 된다. 그는 자신의 존재를 사랑하므로 자신의 일도 사랑한다. 이것은 천부적인 것이다. 가능성이 활동으로 실현되기 때문이다.

— 『니코마코스 윤리학』

"네가 사랑하는 일을 하라. 그러면 너의 재능을 실현할 수 있을 것이다. 그래야 너 자신이 된다." 롤스는 아리스토텔레스의 원칙을 이렇게 묘사했다.

아리스토텔레스와 사르트르는 란드스타트의 "너 자신이 되어라!"라는 슬로건을 각기 다르게 평가할 것이 분명하다. 아리스토텔레스는 슬로건에 찬성하며 너 자신이 누구인지 발견하고, 그에 맞게 살라고 조언할 것이다. 반면 사르트르의 눈에는 이 슬로건이 결정론적으로 비칠 것이다. 그는 인간으로서 스스로 삶을 설계하는 것이 가치 있다고 말했을 것이다. 사르트르는 아리스토텔레스의 본질주의를 비판했다. 그 이유는 그것이 특히 인간의 발전에 필연적인 성격을 부여했기 때문이다. 인간이 자신을 어떻게 발전시켜야 하는지까지 미리 결정되어 있다고 말이다.

결국 본질주의는 우리가 가진 완전한 자유를 정당화하지 못한다. 아리스토텔레스 역시 사르트르를 비판했을 것이다. 사르트르의 철학은 인간이 인간으로서 스스로 원하기만 하면 거의 모든 인물이 될 수 있다고 전제하기 때문이다. 그러나 오직 의지만으로 가능성을 실현할 수는 없다. 그러려면 우리가 날 때부터 갖고 있는 재능 또한 필요하다.

어쩌면 오늘날에는 사르트르의 의견이 더 널리 통용되는지도 모른다. 인간의 자아는 원하는 것이면 무엇이든 실행할 수 있는 기투이며 자신의 자아를 발견하는 것은 무엇보다 높은 목표다. 오늘날 점점 더 많은 교육자들이 '하이퍼 에듀케이션'을 주장한다. 이

교육 방식에 따르면 어린이는 최선의 교육을 받는 하나의 프로젝트가 된다. 그리고 어린이의 성과와 행운은 실현 가능한 것으로서 사람들에게 드러난다. 이것은 부모가 자녀에게 기대하는 것이기도 하다. 많은 사람이 자녀에게 높은 이상과 기대를 품고 있으며 자녀가 학교 밖에서도 가능한 모든 활동과 학습에 참여하기를 원한다. 하지만 자녀가 언제나 부모의 이상에 부응하는 것은 아니다.

영화 〈파이트 클럽〉의 테일러 더든 또한 이 문제에 의견을 보탰다. "우리는 언젠가 우리도 백만장자나 유명 영화배우나 록스타가 될 수 있다고 믿도록 길러졌어. 하지만 우린 그렇게 되지 않을 거야. 그래서 매우 열받았지." 이처럼 모든 것이 가능하리라 상상하도록 어린이를 교육하는 것은 한편으로는 바람이 이루어지지 않았을 때의 실망과 거절당했을 때의 불안을 키우는 일이기도 하다.

이런 삶의 태도는 커리어에 관한 생각을 강요당하는 현실에도 반영된다. 앞으로 5년 후 본인의 커리어가 어떨지를 묻는 질문에 답해보지 않은 사람이 어디 있겠는가? 우리 사회에는 사람이 어떤 방향으로 나아가고 싶은지 명확한 생각만 갖고 있으면, 그리고 그 목표로 나아가려는 결정을 내리기만 하면 뭐든지 될 수 있다는 생각이 만연하다. 이런 사고방식을 자신에게 직접 적용하다 보면 불안에 빠질 우려가 있다. 자신을 발견해야 하고 여태까지와는 다른 나로 발전시켜야 한다는 압박에 계속해서 시달릴 것이기 때문이다.

이런 견해는 일상생활에서 마치 신성한 명령처럼 끊임없이 표현된다. "안전지대에서 벗어나라!" 이 슬로건은 우리가 계속해서 스스로를 새롭게 발견해야 한다는 매우 피로한 이미지를 전달한다. 아리스토텔레스라면 이 슬로건에 반대하며 사람이 어떤 상태를 편안하게 느끼는 데는 그만한 근거가 있으며, 그 이유는 아마도 그 상태 혹은 다른 무언가가 그에게 잘 맞기 때문이라고 말했을 것이다.

그렇다고 사르트르에게 헬리콥터 부모가 많아지고 비현실적으로 높은 기대가 편재하는 현실에 대한 책임을 전가할 수는 없다. 하지만 자아실현 가능성에 몰두하는 사회에서는 아리스토텔레스의 조언이 반가운 변화의 계기가 된다. 우리는 이미 누군가이며, 그저 그 '자아'를 발견해야 할 뿐이라고 말해주기 때문이다. 사르트르가 우리를 겁쟁이 혹은 개자식이라고 부를지라도, 우리가 자신의 자아를 더 확고하게 받아들이면 이 사회는 득을 보게 된다.

자기 자신이 아닌 사람이 되고자 소망하지 마라. 자신만의 가능성과 불가능성을 발견하자. 쫓기듯이 앞으로만 가려고 애쓰기보다 다시 자기 자신에게로 시선을 돌린다면 더욱 안정적이고 편안한 자기계발이 가능해질 것이다. 당신은 앞으로 되어야 하는 존재가 아니라 이미 자기 자신, 그 존재가 된 인물이다. 이런 관점에서 보면 란드스타트의 슬로건은 우리에게 균형과 안정을 바라는 듯하다.

6

마치 오늘이
마지막 날인 것처럼

죽음에 관하여 ～～～～～～～～～～～～～～～～

"우리가 받은 삶은 짧은 것이 아니라
우리가 짧게 만든 것이다.
우리는 홀대받은 것이 아니다.
다만 너무 흥청망청했을 뿐이다."

― 루키우스 안나이우스 세네카

인도를 여행했을 때 가장 인상 깊었던 도시는 바라나시다. 이 곳에 사는 힌두교도들은 가족이나 친척이 죽으면 그 시신을 갠지스 강가에서 불태운다. 나는 화장이 진행되는 곳 근처 호텔에 2주 동안 머물렀다. 한번은 조금 멀리서 화장을 지켜보며 한 인도인과 대화를 나눈 적이 있다. 나는 그녀에게 이곳에서는 죽음이 일상의 지극히 당연한 부분인 것 같다고 말했다. 왜냐하면 도시의 중심부에서 화장이 진행되는 동안에도 사람들이 아무렇지 않게 일상생활을 이어가고 있었기 때문이다. 시신이 불길에 휩싸이는 모습을 가까운 친척들이 편안한 시선으로 바라보는 모습도 인상적이었다.

그녀가 보인 반응은 더욱 놀라웠다. "우리는 죽음을 편안하게 생각하는데, 당신네 서양인들은 죽음을 너무 과장된 것으로 여기는 것 같아요. 죽음은 삶에서 유일하게 확신할 수 있는 일이죠. 그런데 서양인들은 누군가가 죽을 때마다 깜짝 놀라곤 하더군요."

단언컨대 서유럽 국가는 '안티에이징' 문화에 잠식당했다. 안티에이징 문화란 노화를 강박적으로 방지하고자 하는 문화다. 약국의 선반이 노화를 방지하거나 지연하는 각종 크림으로 가득 차있는 모습을 보면 잘 알 수 있다. 안티에이징 사회에서 사람들은 노화를 극복하고자 할 뿐만 아니라 나이가 많은 사람을 안타깝고 불쌍하게 여긴다. 반대로 젊은이들은 칭송과 축하의 대상이 된다. 안티에이징 문화의 대변자 중 한 명이며 영국의 생의학자이자 노인학자인 오브리 드 그레이Aubrey de Grey는 노화를 일종의 질병으로 봤다. 그는 인류가 이 질병을 약물로 극복할 날이 오기까지는 시간문제이며 누구나(대가를 감당할 수 있는 엘리트들이라면) 최소한 천 살까지 살 수 있을 것이라 주장했다.

한편 몇 년 전《타임》표지에 "구글이 죽음을 해결할 수 있을까?"라는 표제가 실린 적이 있다. 본문에는 구글의 과학자들이 죽음을 극복하는 방법을 연구 중이라는 기사가 소개됐다.

안티에이징 문화는 우리가 일상적으로 생각하는 젊음의 가치에도 분명히 드러난다. 네덜란드의 국왕인 빌럼 알렉산더르는 50세가 됐을 때 모든 인터뷰에서 스스로를 아직 30세 정도라고 느낀다고 말했다. 그리고 많은 이들이 이것을 좋은 일이라고 생각했다. 하지만 그 20년의 시간 동안 얻은 지식과 경험이 그가 삶에 대해 느끼는 감정을 바꾸지 못했다는 사실을 우리는 조금 우려스럽게 바라보아야 한다. 2016년 네덜란드의 아동 도서 주간 프로그램의 주제는 '항상 젊게'였다. 이 행사에서 어린이 합창단은 '어린이를 위한 어린이'라는 노래로 할아버지가 무엇을 하면 기쁜지를 이야기했다. "우리 할아버지는요, 나무를 오르고 마라톤을 해요. 정말 멋지죠. 항상 젊게!"

젊다는 건 멋진 일이고 늙는다는 건 달갑지 않은 일이다. 그런데 늘 그랬을까? 그렇지 않다! 유럽에는 오랜 시간 동안 사람들이 자신의 지긋한 나이에 자부심을 갖는 문화가 있었다. 로마 제국 시대에는 나이가 듦에 따라 정치적인 영향력도 강해졌다. 원로원을 뜻하는 'senatus'라는 단어가 '늙은', '나이 많은'이라는 뜻의 라틴어 'senex'에서 파생됐다는 사실만 봐도 알 수 있다.

로마 원로원에서는 구성원들이 나이 순서에 따라 발언권을 가졌다. 17세기 유럽인들은 나이 들어 보이기 위해 가발에 회색 가루를 뿌리기도 했다. 19세기까지만 해도 영국의 예배당에서는 나이가 많은 사람이 상석에 앉았다. 나중에는 그 자리를 부유한 사람들이 차지하기는 했지만 말이다. 나이 드는 것을 두려워하지 않고 자연스러운 변화로 받아들이는 '프로에이징'의 시대에는 사람들이 50번째 생일을 마치 70번째 생일인 양 자랑스럽게 여기는 것도 이상한 일이 아니었다.

그러나 안티에이징 문화가 퍼진 오늘날에는 사람들이 죽음을 대하는 태도가 부자연스러워졌고 그것이 지배적인 분위기가 됐다. 이제는 대부분의 사람이 노화 과정을 받아들이지 못하며, 죽어야 할 운명을 편안하게 기다리지도 못한다. 인도의 바라나시에서 열린 소탈하고 시원시원한 화장 의식은 대개 도시 외곽에 있으며 높은 울타리에 둘러싸인 서양 국가의 공동묘지나 화장터와는 사뭇 달랐다. 그런데 사실 네덜란드만 하더라도 수십 년 전까지는 공동묘지가 도시나 마을 중심부의 교회 근처에 있었다. 그래서 교회에 가는 사람들이 매주 부모나 조부모의 무덤을 찾곤 했다.

오늘날 죽음은 말 그대로 사회의 테두리 밖으로 유배됐다. 영유아 사망률이 낮아지면서 대부분의 사람은 너무나 당연하게도 삶의 초창기에는 거의 죽음을 마주하지 않는다. 네덜란드에는 "알려지지 않은 것은 사랑받지 못한다."라는 속담이 있다. 이것은 죽음에도 해당하는 말이다. 티베트의 라마였던 소걀 린포체Sogyal Rinpoche는 1971년 런던에서 수학하던 중 영국인들이 죽음을 얼마나 무겁게 여기는지 깨달았다.

> 서양에 오고 나서 이곳을 지배하고 있는 죽음에 대한 근본적인 관점이 내가 자란 곳의 그것과는 달라 놀랐다. 내 생각에 사람들은 오늘날 죽음을 잊고 살아야 한다고 배우기 때문에 죽음에서 파멸과 상실밖에 보지 못한다.

세상의 세속화된 지역, 즉 저세상이나 윤회를 믿는 사람들이 점점 줄어드는 곳에서는 죽음이 그저 상실로 여겨지는 것이 당연한지도 모른다. 죽음이 궁극적인 끝을 의미한다는 인생관을 가진 사람들이 점점 늘어나면서 많은 사람이 죽음 이후에는 아무것도 없다고 생각하기 시작했다.

이런 생각이 널리 퍼지다 보니 현대의 여러 문화권에서 사람들이 죽음을 대하는 일이 점점 더 어려워지고 있다. 또 죽음에 관해 이야기하는 사람도 많지 않다. 영국의 인류학자인 제프리 고러Geoffrey Gorer는 1965년에 펴낸 『죽음과 슬픔, 그리고 애도Death, Grief and Mourning』에서 '죽음의 포르노그래피'라는 제목 아래 이 주제를 다루었다.

그는 죽음이 20세기 들어 터부시됐다고 주장했다. 사람들은 아무런 이유 없이 죽음에 관해 쉬쉬하기 시작했고 특히 어린이들과 함께 있을 때는 절대 죽음을 화제로 삼지 않았다. 사실 19세기 빅토리아 시대에는 오늘날과 달리 성과 관련된 모든 것에 시치미를 떼는 분위기가 지배적이었던 반면 죽음은 공개적으로 이야기되는 주제였다. 20세기 들어 이 두 가지 주제의 위치가 뒤바뀐 것이다. 현대인들은 죽음에 관한 주제를 애써 무시하기 시작했다.

사람들이 죽음을 평범한 것이라고 생각하지 않을수록 극단적인 환상이 발생한다. 고러는 이를 일종의 '호러코믹'이라고 봤다. 얼마나 많은 드라마나 영화에서 등장인물들이 허무하게 살해당하는지, 또 얼마나 많은 게임에서 플레이어가 최대한 많은 사람을 죽여야 하는지를 생각해보라. 등장인물이 자연사하는 과정을 다룬 책이나 영화는 매우 드물다. 고러는 일상적인 삶에서 자연스러운 죽음과 그에 따른 슬픔을 더 자주 화제에 올리고 분명하게 설명해야 한다고 말한다.

스토아학파의 철학자들이라면 고러의 의견에 전적으로 동의했을 것이다. 그리스의 스토아 학교는 기원전 5세기경부터 어떤 불리하거나 불쾌한 상황을 마주하더라도 차분하게 대처하는 방법을 사람들에게 널리 알려주던 곳이다. 그곳에서는 무슨 일이 일어나든 그것을 받아들이는 법을 배우는 일이 가장 중요했다. 이런 태도를 완전히 익히고자 학생들은 사고 훈련을 했다. 행복하고 좋은 일들이 일어나는 시기에 사고 훈련을 하면 실제로 어려운 일이 닥쳤을 때 더 능숙하게 대처할 수 있다고 여겼기 때문이다. 이 훈련에서 죽음의 역할은 매우 중요했다.

스토아학파는 오늘날 널리 알려진 명상과는 정반대 형태인 명상을 진행했다. 그들은 이 명상법을 프레메디타치오 말로룸 Premeditatio malorum, 즉 최악의 상황에 대한 예견이라고 불렀다. 눈을 감고 인생에서 일어날 수 있는 가장 끔찍하고 나쁜 일을 가능한 한 현실적으로 상상하는 명상법이다. 이 명상은 일주일에 여러 차례 진행하는 편이 좋다. 예를 들어 배우자에게 버림받거나 직장에서 잘리거나 불치의 질병을 얻거나 좋은 친구가 죽는 상황 등을 상상할 수 있다. 이런 연습을 거쳐 운명이 최악의 방향으로 나아갈 때 대처할 힘을 기른다. 고대 로마의 철학자인 알렉산드리아의 필론Philon은 사람들이 이 명상법을 미리 연습해 영혼을 지킬 보호막을 만들 수 있다고 설명했다.

> (그들은) 절대 굽히지 않고 운명에 대항한다. 운명의 공격을 미리 고찰했기 때문이다. 참고 견디어내는 것만으로도 가장 무거운 걸림돌이 가벼워진다. 어떤 사건이 발생했을 때 그것을 미리 예견해 전혀 새로운 사건이 아닌 것처럼 인식한다면 모든 것이 훨씬 익숙해지고 친밀해지고 이에 따라 덜 모질게 느껴진다.

이 명상법의 또 다른 장점은 명상을 끝내고 다시 눈을 떴을 때 상상 속에서 잃었다고 생각했던 대상에 더욱 감사할 수 있다는 점이다. 철학적인 사고 훈련이 재미있는 이유는 사람들이 직접 시도해보고 그 효과를 스스로 시험해볼 수 있기 때문이다.

고대 로마의 스토아학파 철학자 키케로는 여러 사고 훈련 중 특히 죽음을 주제로 한 훈련을 자주 시도했으며 "매일 죽음을 생각하라."라고 조언했다. 그래야 도덕적으로 더 나은 사람이 될 수 있다는 것이다. 영국의 철학자 토머스 모어도 키케로가 살았던 시대에서 17세기나 지난 후 스토아학파의 정신에 따라 죽음에 대한 생각이 우리를 더 친절한 사람으로 만들 수 있다고 설명했다. 더 친절해지려면 우리는 다음 사항을 의식해야 한다. "우리는 모두 같은 곳에 있는 단두대로 향하는 중이다. 그런 상황에서 내가 어찌 누군가를 싫어하거나 저주할 수 있겠는가?"

로마의 또 다른 스토아 철학자 에픽테토스Epictetus 또한 죽음을 주제로 한 사고 훈련을 적극 지지했다. "매일을 마지막 날인 것처럼 살아라." 매일 아침 거울 앞에 서서 자신의 눈을 똑바로 바라보며 그날이 자신의 마지막 날이 될 수도 있다고 생각해야 한다는 것이다. 그렇게 생각하면 내 삶은 어떻게 달라질까? 이런 사고 훈련의 도움으로 우리는 자신의 모든 행동을 완전히 다른 관점에서 바라볼 수 있다. 어쩌면 스스로를 불안하게 만드는 압박이나 스트레스가 느껴질지도 모르지만, 삶을 의식적으로 살 수 있게 된다.

나는 어려운 결정을 앞두고 있을 때 공동묘지를 느릿하게 산책하면서 마음을 다잡곤 한다. 삶은 유한하다는 관점에서 바라보니 내 삶에서 정말로 중요한 것이 무엇인지, 내 삶에 의미를 부여하는 것이 무엇인지를 더 명확하게 알 수 있었다. 오스트레일리아 출신 간호사이자 연설가인 브로니 웨어Bronnie Ware는 오랜 시간 동안 호스피스 병동에서 일했다. 그곳에서 일하며 웨어는 사람들이 죽기 직전이 되어서야 자신의 삶에서 의미 있었던 것들이 무엇인지 깨닫는다는 사실을 알았다. 이를 통찰하고 나서 웨어는 살면서 무언가를 너무 많이, 혹은 너무 적게 한 것은 아닌지 되돌아보곤 했다. 그녀는 『내가 원하는 삶을 살았더라면』에 다음과 같이 썼다.

1. 타인의 기대에 따라 사는 삶이 아니라 나 자신에게 충실한 삶을 살았더라면.
2. 그렇게 열심히 일하지 않았더라면.
3. 내 감정을 드러낼 용기가 있었더라면.
4. 오랜 친구들에게 연락하고 지냈더라면.
5. 고지식한 규율을 깨고 나 자신이 더 행복해질 수 있도록 했더라면.

나는 가끔 워크숍에서 참가자들에게 다가오는 일주일을 매일 마지막 날인 것처럼 살 것인지, 아니면 매일 첫날인 것처럼 살 것인지 선택하라고 말한다. 만약 매일을 첫날인 것처럼 살겠다면 아침마다 거울 앞에서 그날 일어나는 모든 일을 호기심 어린 눈으로 바라보겠다고 다짐해야 한다. 플라톤에 따르면 놀람은 모든 철학의 원천이다. 바로 그런 이유에서 철학자들이 대개 "왜?"라는 질문을 던진다. 철학자들은 "왜?"라는 질문을 던지고 답함으로써 당연한 것을 특별한 것으로, 그리고 특별한 것을 당연한 것으로 만들고자 한다. 어린아이들은 매일을 첫날인 것처럼 사는 데 특출난 재능을 보인다. 네덜란드의 밴드 스핀비스가 부른 〈돌아와〉라는 곡에는 이런 가사가 있다. "아이의 눈을 빌려 그 눈을 통해서 봐."

나이가 들어감에 따라 어린이처럼 열린 마음을 유지하기는 점점 어려워진다. 다만 휴가를 떠나는 등 다른 환경에 놓인다면,

그곳에서는 모든 것이 새로우므로 당연히 호기심이 일 것이다. 그리고 그 호기심을 집까지 그대로 가져오는 것이 진정한 삶의 예술이다. 네덜란드의 작가 고드프리드 보만스Godfried Bomans는 이렇게 말한 적이 있다. "삶의 예술이란 마치 여행을 떠난 것처럼 집에 있는 것이다."

내 워크숍에 참가한 사람들 중 대부분은 다음 주를 매일이 첫날인 것처럼 살겠다고 답했다. 현재 우리 삶에 만연한 안티에이징 문화에서는 스토아학파가 말했듯 매일을 마지막 날인 것처럼 살기란 대단히 험난한 도전처럼 보인다. 오늘이 인생의 마지막 날이라면 당신은 무엇을 하겠는가? 우선은 이 책을 끝까지 읽을 것이다. 그리고 그다음에는? 무엇을 먹겠는가? 오래전부터 갈등하던 일들 중 어떤 것을 해결하고 해명하겠는가? 무엇보다도 누구와 함께 있겠는가? 이것은 자신의 삶에서 의미 있는 것이 무엇인지를 알아보는 데 도움이 되는 연습이다.

물론 규칙적으로 반복되는 일상 속에서 오랜 기간을 매일이 마지막 날이라고 끊임없이 생각하는 것은 그리 좋지 않다. 매일을 마지막 날처럼 살겠다고 회사를 자주 빠진다면 상사의 심기는 언짢아질 테고, 통장 잔고는 비어갈 테니 말이다. 다행히 스토아학파이던 로마 제국의 황제 마르쿠스 아우렐리우스가 이런 사고 훈련의 현실적인 형태를 고안해냈다. "매 순간 네 행동이 삶의 마지막 행동으로 여겨질 것을 생각하라." 즉 먹든 마시든 춤을 추든 일하든 사랑하든 웃든 이야기하든, 삶에서 마지막으로 하는 행동인 것처럼 하라는 말이다. 스토아학파의 관점에서 보자면, 욜로You Only Live Once, YOLO뿐만 아니라 요도You Only Die Once, YODO 또한 의식하는 편이 삶의 균형을 이루는 데 도움이 된다.

Filosofie voor een weergaloos leven

2장

타인과의
관계를 위한 철학

7

진정한 친구와
완벽한 타인 사이

우정에 관하여 ～～～～～～～～～～～～～～～～～～

"솔직하게 비판하는 것은 진정한 친구의 의무다."

– 필로데무스

2016년에 이탈리아의 파올로 제노베제 감독이 만든 영화 〈퍼펙트 스트레인저〉는 2019년 독일에서 〈완벽한 비밀〉이라는 제목으로 리메이크됐다(한국 리메이크 작은 〈완벽한 타인〉이다). 이 영화는 일곱 명의 친구들이 모여 저녁을 먹으며 각자의 핸드폰에 착신되는 전화나 문자 내용을 전부 공유하면서 벌어지는 이야기를 담고 있다. 모두를 초대해 식사 자리를 준비한 에바는 자신과 남편인 로코 사이에는 아무런 비밀도 없다고 호언장담하며 이 놀이를 제안한다. 그리고 다른 두 커플과 혼자 온 친구 한 명은 머뭇거리면서도 놀이에 응한다. 그 이후 한 시간 반 동안 적나라한 폭로가 이어진다. 일곱 명의 친구들은 모두가 저마다 비밀을 품고 있었다. 그 비밀이란 몰래 성형수술을 계획하고 바람을 피우고 일말의 망설임도 없이 어머니를 요양원에 보내버리고 동성애자임을 숨겨온 것 등의 일이었다.

제노베제 감독은 콜롬비아의 작가인 가브리엘 가르시아 마르

케스의 책에 나온 짧은 글귀에서 영감을 얻어 영화를 만들었다고 말했다. "모든 사람에게는 세 가지 삶이 있다. 공개적인 삶, 사적인 삶, 그리고 비밀스러운 삶이다."

이 영화는 우리가 가장 친한 친구나 연인에 관해서도 그리 자세히 알지 못한다는 사실을 보여준다. 우리는 타인에게 자신의 두려움, 불안, 실패 등을 어떻게 설명하는가? 상대방이 내린 결정에 관한 자신의 의견을 어떻게 표현하는가? 제노베제 감독이 내린 쓸쓸한 결론은, 우리가 바로 곁에 있는 사람들에게조차 모든 비밀을 털어놓지는 못한다는 것이다. 영화는 모든 비밀을 공유하지 않는 편이 좋다는 인상을 남기며 끝난다. 왠지 서글프다. 그렇다면 친구들은 절대 '완벽한 타인' 이상의 존재가 되지 못하는 걸까?

네덜란드의 철학자 에라스무스는 『우신예찬Moriae encomium』에서 함께 사는 사람들의 모든 것을 알지 못하는 편이 낫다고 주장하는 인물을 그렸다. 그는 개방성과 솔직함이 지나치게 과대평가됐다고 봤다. 우정이 아름다운 이유는 사람들이 친구에게 모든 것을 설명하지 않기 때문이며 친구들을 대단하다고 생각하는 것처럼 행동하기 때문이라는 것이다.

누군가가 사랑하는 이의 실패는 너그러이 봐주고, 원칙을 부정하고, 본 것도 보지 않은 척하고, 잠꼬대라도 하듯 터무니없을 정

도의 결핍에도 마치 진정한 기적이라도 마주한 듯 열광한다면
이것이 곧 어리석음이 아니고 무엇인가? (중략) 오직 이것이 친
구들을 찾는 법을 보여주고, 그렇게 찾은 친구들과 계속 이어지
도록 한다. (중략) 우리의 모든 사랑을 일깨우고 우리에게 사랑의
양식을 주는 신 큐피드 또한 한 치 앞을 모르지 않던가. (중략) 하
지만 이런 우스꽝스러움이 삶에 필요한 긍정적인 공동체를 연결
하고 결속한다.

— 『우신예찬』

제노베제 감독에 따르면 실패를 어느 정도 눈감아주는 것이
아름다운 우정으로 이어진다. 그는 다른 사람의 실수나 실패에 너
무 관심을 보이지 않는 편이 좋다고 충고했다. 살다 보면 사람은
누구나 일을 그르치거나 잘못하곤 한다. 그런 주제에 타인의 실수
를 지적하는 것은 어리석은 일이다. 그가 말한 어리석음이란 남의
작은 흠은 날카롭게 지적하면서 정작 자신이 지닌 커다란 흠은 눈
치채지 못하는 것이다. 그는 친구들이 서로에 관한 모든 것을 알
고 있다면 살아남을 우정이 얼마 없으리라고 덧붙였다. 즉 서로
타인처럼 구는 편이 더 낫다는 것이다.
　에라스무스 또한 같은 견해를 갖고 있었는지는 의문이다. 그
가 쓴 책은 모순으로 가득하기 때문이다. 에라스무스는 친구의 실
수를 보고도 절대 못 본 척하지 않았던 인물이다. 오히려 실수한

사람을 책망하고 꾸짖기를 망설이지 않았다. 그의 친구이자 독일의 상인인 크리스티안 노르토프는 결국 오랜 시간 에라스무스와의 연락을 끊었으며 형인 하인리히에게도 에라스무스와 거리를 두라고 충고했다.

이미 오래전부터 자네가 받아 마땅한 비난의 말들을 편지로 보내기로 결심했네. 자네는 너무 많은 악행을 저질렀고 또 저지르고 있어. 자네 혼자만 나에게 소식을 전하지 않는 것이 아니라, 이 삶에서 내 단 하나뿐인 친구 하인리히를 쓸데없는 말로 구슬러 그가 나에게 서신을 보내지 않도록 하고 있어. (중략) 나는 자네를 악인이라 부르겠네. 폭한, 불한당, 악한, 교회 모독자, 괴물, 유령, 파렴치한, 음담꾼, 악질, 부패자, 치부, 사기꾼, 방탕자, 교도관이자 죄수, 채찍 연습용 통나무, 두들겨 맞아도 싼 인간, 그 외에 나에게 떠오르는 모든 모욕으로 자네를 부르겠네. 나는 이런 말들로 자네를 욕보이겠네. 그러니 아무리 화가 났더라도 나에게 소식을 전하지 않는 일은 포기하는 게 좋아.

— 에라스무스가 크리스티안 노르토프에게 보낸 편지

에라스무스는 이 편지를 쓰기 전에 욕설을 연구하는 워크숍에라도 참석했던 것 같다. 비폭력 대화 워크숍에 참석하지 않았던 건 확실하다. 『우신예찬』에서 사람은 자신의 의견과 생각을 혼자만 간직하는 편이 좋다는 의견을 내세웠던 에라스무스의 이 편지는 마치 우리를 조롱하는 듯하다.

이뿐만이 아니다. 에라스무스는 동시대를 살았던 지식인들과 나눈 신학적인 논쟁에서도 이러한 태도를 취했다. 그는 신적인 본성, 즉 신성神性을 숨기고 있었던 예수를 '바보'라고 언급했고, 결국 격렬하게 반대 진영의 비판을 받았다. 에라스무스는 특수한 경우에는 진실을 알리지 않는 것이 불가피한 일이라고 생각했다. 다만 '우정'에 관해 에라스무스가 실제로 어떤 입장을 취하고 있었는지는 의문이다. 그래서 여기에서는 '친구에게 모든 것을 설명하지 말라는 에라스무스 관점'이 아니라 '한 치 앞을 모르는 큐피드 관점'을 견지하며 이야기를 이어가려 한다.

일주일 동안 자신이 과연 얼마나 자주 '한 치 앞을 모르는 큐피드 관점'에 따라 생활하는지 헤아려본다면 예상보다 높은 수치에 깜짝 놀랄 것이다. 몇 가지 예시를 들어보자.

솔직히 말해 첫 만남이 미적지근했던 파트너를 사귄다고 해보자. 그 파트너가 당신에게 첫 만남의 느낌이 어땠느냐고 물으면 솔직하게 답하기 어려울 것이다. 당신은 2주 전에 친구의 이사를 도와 하루 종일 짐을 날랐다. 그런데 얼마 후 당신도 이사를 했다. 그런데 이사하는 당일 아침, 그 친구가 너무 고단해서 도저히 도와주러 올 수 없다는 문자 메시지를 보냈다. 당신이 아무리 실망했다고 해도 당장 전화를 걸어 서운한 마음을 솔직하게 표현할 수 있을까?

한 친구가 옥션에서 예술 작품을 낙찰받았다고 자랑한다. 당신이 보기에는 왜 샀는지 도무지 이해가 가지 않지만 그럼에도 감탄하는 반응을 보일 수밖에 없다. 방금 출산한 친구 앞에서 아기의 얼굴이 쪼글쪼글하고 못생겼다고 솔직하게 말할 수 있을까? 어쩌면 에라스무스가 썼듯이 친구들에게 언제나 내 생각을 솔직히 말하지 않는 편이 좋은지도 모른다.

그런데 친구들에게 솔직하다는 의미는 우정이라는 개념을 어떻게 받아들이는지에 따라 다른 것이 아닐까? 지난 10여 년 동안 우정이나 친구라는 개념의 사용은 지나친 '인플레이션'을 겪었다. 모든 페이스북 친구들이 진정한 친구가 아니라는 점을 잘 알면서도 우리는 페이스북 친구들에게도 '친구'라는 말을 사용했고, 이로써 친구라는 개념의 가치가 하락했다.

네덜란드의 TV쇼 진행자인 팀 호프만은 〈나의 5,000명의 친구〉라는 프로그램에서 친구 관계의 모순을 파헤쳤다. 그는 무작위로 선택한 페이스북 친구를 마치 실제 친구처럼 대했다. 페이스북 친구들의 생일파티에 참석하고, 고민이나 걱정이 있으면 위로하고, 허허벌판에서 타이어에 펑크가 났을 때 도움을 요청했다. 그가 페이스북 친구들에게 이런 행동을 했을 때 그들은 무척 당황했다. 이것을 보면, 페이스북 친구들에게 사용하는 친구라는 개념이 가상 세계가 아닌 현실 세계에서 사용하는 친구라는 개념과는 전혀 다르다는 점을 명확하게 알 수 있다.

오늘날 우리가 거의 모든 관계에 친구라는 단어를 사용하다 보니 그것은 본연의 의미와 가치를 잃었다. 예를 들어 우리는 엄마와 딸은 가장 좋은 친구라고 하고, 회사 동료도 일할 때는 동료지만 회식할 때는 친구라고 말한다. 심지어는 교사가 학생들과 친구처럼 지내주기를 바라기도 한다. 아리스토텔레스는 친구가 많을수록 그들의 가치는 줄어든다고 경고했다. 그는 한 저서에서 또 이렇게 말했다. "친구가 많고 모든 친구와 친밀하게 지내는 사람에게 친구는 유일한 존재가 아니다."

아리스토텔레스의 견해에 따르면 진정한 우정이란 드물며 오직 한 친구하고만 나눌 수 있다. 하지만 오늘날 우리는 이런 독점적인 특성을 오로지 연인이나 배우자에게만 부여한다. 아리스토텔레스가 지금까지 살아 있다면 현대인들에게 '친구 관계를 끊는 방법 입문'을 강의했을지도 모른다.

현대에는 우리가 친구라고 칭하는 사람들이 지나치게 많아지면서 친구의 의미가 인플레이션을 겪는 한편, 일상생활 속에서는 우정이 더욱 중요하다고 여겨진다. 오늘날에는 결혼, 가족, 고용주, 교회, 거주지 등이 예전에 비해 덜 고정적이고 덜 안정적이다. 현대인들은 평생 한 사람의 고용주 밑에서 일하지 않고, 태어난 곳에서 죽을 때까지 살지 않는다. 때로는 처음 결혼한 배우자와 헤어지기도 한다. 그럴수록 현대인에게 친구와의 우정은 더 안전한 곳이 될 수 있다. 진정한 친구는 내 상황이 어떻게 변하든 친구로 남기 때문이다. 그런데 친구에도 여러 가지 종류가 있다.

아리스토텔레스는 친구를 세 가지로 구분했다. 하나는 서로 이득을 고려해 만나는 유용성을 따지는 친구다. 직장 동료나 학교 동창 같은 관계가 여기 속한다. 이런 관계는 유용성이 사라지는 순간 시들어버린다. 두 번째는 편안한 즐거움을 나누는 친구다. 같이 스포츠를 즐기거나 콘서트에 가는 등 취미를 함께하며 즐거움을 느끼는 우정이다. 이런 관계는 공통의 취미, 즉 즐거움이 사라지는 순간 사그라진다. 이런 두 가지 종류의 우정은 한 치 앞을 모르는 큐피드 관점에 잘 들어맞는다. 같이 스포츠를 즐기는 여자 친구에게 그녀의 스포츠웨어 옷태가 어떤지 솔직하게 말하는 것은 상황을 순식간에 곤혹스럽고 난처하게 만드는 방법이다. 완벽한 솔직함의 의미가 무엇인지는 세 번째 종류의 친구를 보면 알 수 있다. 바로 선을 지향하는 친구다. 이 우정은 서로가 잘되기를 바라는 마음을 바탕으로 형성된다. 따라서 서로에게 솔직히 충고할 수 있다. 다만 우리는 이런 친구를 많이 가질 수 없다.

"솔직하게 비판하는 것은 진정한 친구의 의무다." 그리스의 철학자 필로데무스Philodemus는 한 치 앞을 모르는 큐피드 관점과는 정반대 의견을 제시했다. 그는 자신의 저서에서 내내 '파레시아 Parrhèsia'를 강조했다. 이 그리스어 단어는 번역하기가 매우 까다로운데 대체로 진실의 용기, 진실 말하기, 솔직하게 말하기 등으로 해석된다. 이것은 원래 고대 아테네에서 정치적인 개념으로 사용되던 단어로, 사상의 자유 혹은 표현의 자유와 비슷한 뜻이다.

필로데무스는 이 개념을 철학에 도입해 주로 우정을 논할 때 사용했다. 그에 따르면 파레시아는 진정한 우정의 특징이다. 이를 설명하고자 필로데무스는 두 가지 악의 정확히 중간에 모든 선이 있다는 아리스토텔레스의 생각을 빌려왔다. 즉 우정이란 '적의'와 '아첨'의 정확히 중간에 있다는 것이다. 무조건 입바른 소리만 하거나 감탄만 하는 사람은 친구가 아니라 오히려 적에 가깝다.

파레시아란 그저 단순히 솔직한 비판만을 뜻하는 말이 아니다. 그것은 사람이 자신의 실수나 불확실성까지도 허심탄회하게 털어놓을 수 있다는 의미를 포함한다. 이런 관점에서 보면 파레시아는 상처받기 쉬운 상태와 비슷하다. 또한 파레시아는 타인을 솔직하게 칭찬할 수 있는 힘을 의미한다. 그러니 '솔직하게 말하기'라는 해석이 파레시아의 의미를 가장 정확하게 포착한 번역일 것이다. 사람은 타인에게 마음을 열고 솔직해져야 한다. 필로데무스는 다음과 같은 서정적인 글을 남겼다.

우리가 우정은 수많은 아름다운 것을 만들어낸다고 아무리 이성적으로 말하더라도, 마음속 깊은 곳에 있는 말을 끄집어내 전할 수 있고 내 말을 잘 들어주는 사람을 곁에 두는 것보다 더 멋진 일은 없다. 우리는 선천적으로 생각하는 바를 솔직히 드러낼 상대를 갈망한다.

필로데무스에게 파레시아는 그저 이론적인 주제일 뿐만 아니라 생동하는 현실이었다. 철학적으로 그는 고대 그리스의 철학자인 에피쿠로스의 가르침을 따르는 인물로 여겨진다. 에피쿠로스에 따르면 즐거움, 즉 욕망이야말로 가장 높은 선이다. 다만 사람은 자신의 욕망을 억제하는 방법을 배우고 나서야 비로소 아타락시아의 경지에 도달할 수 있다.

아무튼 에피쿠로스 철학에서 우정은 꽤 중요한 개념이다. 우정은 즐거움의 중요한 원천이자 친구를 거울처럼 여기는 토대이기도 하다. 에피쿠로스 학파의 학생들은 자신의 욕망을 억누르지 못하는 친구를 솔직하게 비판함으로써 서로를 도왔다. 에피쿠로스는 우정을 극찬하며 "삶의 행복을 위해 현재까지 발견한 지혜 중 가장 위대한 것은 우정을 얻는 것이다."라고 말했다. 그는 또한 "우정은 춤을 추며 세상을 돌아다니고 우리 모두가 행복에 눈뜨게 만든다."라는 시적인 글을 남겼다.

에피쿠로스 학파인 필로데무스는 솔직한 비판에 관해 쓴 책에서 사람이 권력을 쥔 지도자의 자리에서 비판을 연습하는 방법을 자세하게 다루었다. 그뿐만 아니라 친구들 사이에 진정한 대화를 나누는 데 도움이 될 조언을 다수 남겼다. 예를 들어 사람은 자신에게 솔직할 때만 비로소 타인에게도 솔직할 수 있다. 자신이 저지른 과실이나 실수는 애써 모른 척하는 사람이 타인의 잘못을 지적하거나 타인을 의심하는 것은 옳지 않다. 그리고 친구에게 솔직하게 말할 때는 화가 난 상태여서는 안 된다. 화가 났을 때 솔직한 생각을 털어놓으면 역효과가 날 수 있다. 또 솔직하게 말하기 전에 상대방이 내 말을 얼마나 받아들일 수 있을지 생각해야한다. 마지막으로 적당하게 비판하는 방법을 연습해야 한다. 반드시 비판과 칭찬을 적절히 섞어 사용하는 편이 좋다. 이와 같은 조언이 담긴 필로데무스의 책에서 우리는 무슨 말을 하든 늘 타인의 안녕을 염두에 두어야 한다는 점을 배울 수 있다.

다만 필로데무스의 조언이 솔직한 비판에 으레 따르게 마련인 위험을 막지는 못한다. 프랑스의 철학자 미셸 푸코는 파레시아에는 그것이 최선으로 사용된 경우라 하더라도 언제나 위태로운 점이 있다고 주장했다. 이는 다른 사람의 잘못을 지적할 때 그 사람이 상처받거나 짜증이나 화를 낼 수 있다는 사실을 늘 의식해야 하는 이유다. 즉 서로 솔직해지려면 용기가 필요하다. 그러므로 친구들, 특히 '진정한 친구들' 사이에서는 서로 얼마나 솔직해 질 것인지를 협의하는 일이 중요하다. 한 치 앞을 모르는 큐피드 같은 우정을 유지할지, 아니면 파레시아가 통용되는 진정한 우정 을 유지할지 함께 의논해야 한다. 파레시아가 통용되는 관계에서 도 솔직하게 비판할 수 있는 주제나 분야를 미리 정하는 것이 좋 다. 이런 약속이 선행되어야 타인에게 솔직해지는 순간에 그 사람 의 입장을 먼저 헤아려볼 수 있다.

친구들 앞에서는 실수를 해도 서로 용인될 만큼 편하기 때문 에 마음속 깊은 곳에서 우러난 솔직한 생각을 전달하기 쉽다. 친 구와 함께 있을 때라면 누구나 마음 편히 실수할 수 있다는 점은 우정의 아름다움 중 하나다. 한편으로는 이렇게 생각할 수도 있 다. 만약 친구들이 내 잘못된 결정이나 행동을 지적해주지 않는다 면 대체 누가 내 잘못을 비판한단 말인가? 좋은 친구들이 있다는 건 자기 인식을 도와주는 소중한 보물을 손에 쥐고 있다는 뜻이 다. 특히 자기결정권이 절대적인 위상을 차지하고 있는 문화권일 수록 사람들이 타인의 말이나 행동에 책임을 묻지 않기 때문에 잘 못을 솔직하게 비판할 수 있는 친구의 역할이 더욱 중요하다.

친구들에게 "지금 생각하는 걸 나한테 솔직하게 말해줄 수 있 어?"라고 물어보라. 서로에 관한 모든 것을 알고 있으며 두터운 친분을 쌓은 사람들이 마음을 터놓고 솔직하게 이야기를 나눌 수 있다니 얼마나 아름다운 일인가. 물론 모든 분야에 해당하는 것은

철학이 삶을 위로할 때

아니지만 친구와 파레시아를 나눈다면 그들과 완벽한 타인으로서 같은 테이블에 앉아 있는 일은 피할 수 있을 것이다.

8

세계관이 다른 사람과
즐거운 대화를
나누는 법

믿음에 관하여 〜〜〜〜〜〜〜〜〜〜〜〜〜〜〜〜〜〜〜〜〜

"신이시여, 당신 안에서 쉴 때까지
우리의 마음은 불안하게 흔들립니다."

— 아우구스티누스

한번은 어떤 바텐더가 나에게 자신의 바에서는 그 어떤 주제든 이야기를 나눠도 되지만 단 두 가지, 종교와 정치는 안 된다고 말했다. 손님들이 이 두 가지 주제로 대화를 시작하는 순간 반드시 갈등이 발생한다는 것이다. 하지만 그는 이후 몇 시간 동안 자신의 초자연적인 능력을 자랑하는 말을 늘어놓았다. 아마도 그것은 그의 '종교'라는 카테고리에 속하지 않는 모양이었다.

언젠가는 그 누구도 종교에 매달리지 않는 때가 오리라고 많은 이들이 꾸준히 주장했다. 「네덜란드의 신들」이라는 제목으로 10년마다 발표되는 연구 보고서에 따르면 유신론자의 비율이 점점 줄어드는 추세라고 한다. 1966년 보고서에서 네덜란드의 유신론자는 47퍼센트였지만 2016년에는 겨우 14퍼센트에 불과했다. 지난 10년 동안 교회에 입회한 네덜란드인의 비율은 39퍼센트에서 32퍼센트로 줄었고, 같은 기간 동안 단 한 번도 교회에 가지 않은 사람의 비율은 47퍼센트에서 59퍼센트로 늘었다.

그런데 또 다른 연구 결과에 따르면 특정한 지역의 종교적인 태도는 점점 줄어드는 데 반해 전 세계적으로 측정했을 때는 신앙심이 있는 사람들의 수가 점점 늘어나고 있다. 미국의 퓨 리서치 센터에서 2015년 「세계 종교의 미래: 2010년부터 2050년까지 인구 증가 예상」이라는 연구 결과를 내놓았다. 이 보고서의 결론에 따르면 놀랍게도 지난 수십 년 동안 전 세계 인구 중 비종교적인 사람들의 비율이 종교적인 사람들에 비해 더 많이 감소했다.

신앙심이 있는 사람들의 수가 늘어날 것으로 예상된다니 앞으로도 바, 기차, 파티 등에서 종교적인 사람들과 비종교적인 사람들 사이의 대화는 끊이지 않을 것으로 보인다. 과연 갈등이 발생하지 않고 이들의 대화가 이어질 수 있을까? 이런 갈등은 나와 대화한 바텐더뿐만 아니라 종교적 긴장이 발생하는 모든 사회에 중대한 영향을 미친다.

철학에는 서로 반대되는 세계관을 가진 사람들 사이의 대화를 풍성하게 만드는 개념이 있다. 바로 '근본기분Grundstimmung'이다. 근본기분이란 우리의 생각, 인지, 의도, 행동 등을 모두 만들어내는 본질적인 것이다. 그것이 있어야 사람은 인간적인 존재로서 근본적인 경험을 할 수 있다. 저녁에 시내를 가로질러 조깅할 때면 기분이 어떤 영향을 미치는지를 잘 알 수 있다. 기분이 좋을 때는 늘어선 집들의 아름다움이 눈에 더 잘 들어온다. 또 조깅하다 만난 이웃에게 반가운 인사를 건네고 쇼핑한 물건을 떨어뜨린 낯선 이에게 도움의 손길을 내밀 수도 있다. 그런데 기분이 침울할 때는 도시의 아름다움이 느껴지지 않는다. 혹시 도움이 필요한 사람이 있는지 주변을 둘러볼 여유도 없을뿐더러 남을 돕고 싶다는 마음조차 우러나지 않는다. 이처럼 우리를 둘러싼 세상을 대하는 우리의 태도를 결정하는 것이 기분이며 이것은 제각기 다르다.

하이데거에 따르면 '근본기분'이라는 것은 우리가 느끼는 여러 가지 기분들의 근본에 놓여 있는 것이다. 따라서 근본기분은 내면의 가장 깊은 곳에서 우리의 신념과 행동을 결정한다.

의식적이든 무의식적이든 우리는 어떤 인물의 세계관에 그 사람의 근본기분을 덧붙인다. 우리는 "넌 안정을 찾고 싶어서 그걸 믿는 것뿐이야."라거나 "넌 그냥 무서워서 거기 매달리는 것뿐이야."라는 말을 종종 한다. 이런 말은 어떤 사람이 무언가를 믿는 이유를 근본기분인 불안 혹은 두려움으로 제한하는 셈이다. 그러다 보면 사람들은 타인에게 진심으로 이해받지 못했다고 느끼거나 서로 딴소리만 하게 될 위험이 매우 커진다. 그러나 타인의 근본기분을 궁금해하고 탐구한다면 서로의 세계관에 관한 깊은 대화를 나눌 수 있다. 이때 서로 자신의 세계관과 근본기분을 말로 표현한다면, 사람들은 똑같은 근본기분에서 완전히 다른 세계관이 탄생할 수 있다는 놀라운 결론에 도달할 수 있다.

사람들의 세계관 구축을 설명하는 근본기분은 과연 무엇일까? 하이데거는 불안이 인간의 근본기분이라고 생각했다. 더 정확히 말하자면 죽음에 대한 불안이다. 하이데거에 따르면 우리는 모두 죽을 자로서 이 땅에 체류하고 있으며 '체류의 상실'을 견디고 있다. 우리는 감히 삶의 유한성을 붙잡으려 하지 않는다. 그래서 하이데거는 인간의 모든 행동, 예를 들어 영화를 보거나 수다를 떠는 행동 모두 원초적 불안을 극복하는 방식이라고 봤다. 하이데거가 지금까지 살아 있다면 유명 스타들의 소식을 전하는 뉴스나 토크쇼를 보는 시청자들이 내심 매우 기뻐하고 있으리라고 말했을 것이다. 그런 방송을 보면서 죽음에 대한 불안을 잠시나마 잊을 수 있기 때문이다.

종교에 귀의하거나 열정적인 축구 팬이 되는 것 또한 죽음을 잊으려는 시도다. 하이데거는 종교를 신앙심 있는 사람들이 죽음을 정복하고자 만들어낸 수단이라고 봤다. 저세상이나 윤회를 믿음으로써 죽음이라는 정의의 특성이 약해지고 이에 대한 불안 또한 줄어들기 때문이다. 믿음은 죽음에 대한 불안뿐만 아니라 부모, 교회, 지옥 등에 대한 불안에 기인한다.

신자들에게 신에 대한 갈망은 근본기분이다. 또한 믿음의 근거이기도 하다. 아우구스티누스는 자서전인 『고백록Confessiones』에서 신에게 이렇게 기도했다. "신이시여, 당신 안에서 쉴 때까지 우리의 마음은 불안하게 흔들립니다." 아우구스티누스의 인간상은 인간이 신과 관계를 맺으려고 만들어졌다는 생각에 기반을 둔다. 신과의 관계가 구축되지 않는다면 인간의 마음속에는 고통스러운 빈틈과 공허함, 외로움이 존재할 수밖에 없으며 이에 따라 신을 갈망한다는 것이다.

아우구스티누스는 어린 시절 이 공허한 틈을 온갖 향락으로 채우려고 노력했으나 아무것도 충족되지 않았던 개인적인 경험을 언급한다. 그는 심지어 이렇게 기도한 적도 있었다고 고백했다. "저에게 정절과 절제를 주십시오! 지금 당장은 말고요!" 우리는 현대의 여러 마케팅이 인간의 이런 성향을 토대로 발전했으리라는 사실을 짐작할 수 있다. 나 또한 학창 시절에 이 문구가 새겨진 쿠션 커버를 갖고 있었다. 가수 로비 윌리엄스도 〈Feel〉이라는 곡에서 '오직 신으로만 채워질 수 있는 빈틈God-shaped hole'을 경험한 일화를 소개했다.

나는 자리에 앉아 신에게 말을 건네.

그는 내 계획을 듣고 그저 웃을 뿐.

(중략)

난 그저 진짜 사랑을

영원히 이어지는 사랑을 느끼고 싶은데.

내 영혼에는 빈틈이 있어.

내 얼굴에서도 보이는

정말 큰 빈틈이.

　　인간의 세계관을 구성하는 또 다른 근본기분은 의미에 대한
욕구다. 프랑스의 철학자 폴 리쾨르Paul Ricoeur에 따르면 인간은 '말
하는 존재'다. 자기 자신과 타인, 그리고 세상을 이해하고자 우리
는 이야기를 만들어낸다. 이야기를 만듦으로써 우리는 자신의 삶
은 물론 타인의 이야기와 온 우주의 이야기를 지어낼 수 있다.

　　종교는 더 큰 세상에 파묻혀 살아가는 인간에 관한 이야기를
들려준다. 이것은 삶에 더 깊은 의미를 부여한다. 우리에게 현실을
더 잘 이해하도록 이야기를 들려주는 곳은 종교뿐만이 아니다. 예
를 들어 친척들이 모여 돌아가신 할아버지의 이야기를 하고 있을
때 갑자기 창밖으로 할아버지가 가장 좋아하던 새가 지나간다고
해보자. 그러면 친척들은 돌아가신 할아버지가 찾아왔다는 신호라
고 여기며 삶에 의미를 부여하는 새로운 이야기를 만들어낸다.

　　철학자 프리드리히 니체에 따르면 수많은 세계관, 특히 기독
교와 유대교는 원한이라는 또 다른 근본기분에서 탄생했다. 그 원
한은 독립적이고 원기왕성한 사람에 대한 앙심에서 우러난 것인
지도 모른다. 니체는 원기왕성하고 자유롭고 창의적이고 정열적
인 삶이 근본적으로 인간에게 좋은 삶이라고 말했다. 그런데 이런

삶을 꾸려나가려면 인간은 자신의 독립성을 지켜야 하고 필요한 경우 타인과의 싸움도 불사해야 했다. 이런 사회에서는 성공적인 삶을 영위하는 사람만이 강력한 힘을 얻었다.

그러나 싸움에서 패배하는 사람도 적지 않았다. 이 패배자들은 복수심 때문에 교활한 계획을 궁리했다. 니체에 따르면 패배자들은 자기희생과 싸움 기피, 배려로 얼룩진 쇠약한 삶의 방식을 좋은 것이라 여기고 강력한 힘을 가진 자들의 삶의 방식은 나쁜 것이라 여겼다. 그렇게 하면 자신들이 권력을 움켜쥘 수 있을 것이라고 생각했다. 그래서 자신들의 삶의 방식에 무게를 싣고자 종교, 즉 기독교를 고안해냈고 이것을 지지했다.

기독교인들은 이웃 사랑과 같은 가치를 추구하며 십자가에 못 박혀 스스로를 희생한 신을 존경했다. 니체는 이것이 역겨운 일이며 궁극적인 신성모독이라고 생각했다. 아무튼 기독교는 곧 국교가 됐고 힘없는 사람들의 삶의 방식을 결정하는 기준이 됐다. 반면 힘 있는 사람들은 유죄 판결을 받고 자유를 빼앗겼다. 신자들의 복수가 목적을 달성한 셈이다. 이런 이유로 니체는 모든 가치의 재평가가 필요하다고 말했다.

영국의 19세기 시인 단테 가브리엘 로세티Dante Gabriel Rossetti는 조금 다른 관점에서 믿음을 바라봤다. 종교가 더 긍정적인 근본 기분에 뿌리를 두고 있다고 본 것이다. 또 영국의 20세기 작가 길버트 키스 체스터턴Gilbert Keith Chesterton은 다음과 같은 말을 남겼다.

무신론자에게 가장 최악의 순간은 그가 엄청난 고마움을 느꼈을 때조차 감사할 사람이 없다는 것이다.

우리에게 삶을 선사한 숭고한 존재를 믿지 않는다면 이런 깊은 감사의 마음을 누구에게 전해야 한다는 말인가? 네덜란드의 작곡가이자 가수 다니엘 로휘어스Daniel Lohues는 이 주제를 〈태양에 대한 감사〉라는 곡에 담았다.

태양이 금빛 빛줄기를 내뿜을 때면
평소보다 백배는 아름다워.
불타는 붉은 빛이 들판 위로 쏟아질 때면
현실이 아닌 것처럼 반짝이기도 해.
나는 이제 누구를 신이라고 불러야 하지?
태양에 감사한다고 말할 수 있다면 좋을 거야.
태양을 만들어낸 그가 전쟁도 만들었을까?
모든 악과 모든 고통도 만들었을까?
그런 것에는 차마 감사하다는 말이 나오지 않아.
하지만 태양에는 감사할 수 있어.
우리를 행복하게 하는 다른 것들에도

태양에 감사해야 해.

신에게 고맙다고 말해야 한다는 갈망의 이면에는, 그렇다면 신자로서 세상의 불공평에 대한 분노는 누구에게 쏟아부어야 하느냐는 의문이 숨어 있다. 이 의문은 악이 존재한다고 해서 전지전능한 창조주인 신을 부정할 수는 없다는 변신론Theodizee의 고전적인 질문에서 제기된 것이다. 선하고 전지전능한 신이 존재하는데 어떻게 끔찍한 불행이 있을 수 있겠는가? 이 질문에 대한 충분한 답변은 아직 발견되지 않았다. 감사함은 신앙심으로 이어지는 근본기분이다.

불행과 불공평은 신학적인 문제를 불러일으켰지만 다른 한편으로는 불공평에 대한 분노가 믿음의 기반이 되기도 했다. 네덜란드의 작가인 헤라르트 레버Gerard Reve는 자신의 시 「소명 의식」에서 이렇게 표현했다.

원죄 없는 잉태를 하신 자매님,
34년 동안
늙고 마비된 자들을 씻기고
그들의 침대를 깨끗이 정돈하고 음식을 먹이신 자매는
자신의 이름이 사람들의 입에 오르내리는 것을 보지 못하리라.

하지만 모든 때 묻은 머저리들
누구의 편이고 누구와 적이라 으스대며 길을 막는 자들은
저녁마다 TV로 자기 면상을 본다.
신이 계셔서 다행이다.

종교는 사람들을 위로하는 동시에 모든 그릇된 것들이 바로잡히고 인정받지 못하던 성모 마리아가 응당 받아야 할 대접을 받는 세상을 약속한다. 많은 신자들에게 종교는 도움의 손길이자 세상을 바로잡아 더 나은 곳으로, 즉 신의 현존을 반영하는 세상으로 만들 수 있다는 희망이다.

마지막으로 우리는 믿음과 종교를 인간의 가장 깊은 내면에 있는 놀이 충동으로 해석할 수 있다. 사람들은 그저 무언가를 믿는 게 즐겁기 때문에 신앙생활을 한다. 예배는 사는 데 꼭 필요한 행동이 아니다. 예배를 드린다고 해서 돈을 벌지도 못하고 인맥을 늘리지도 못한다. 즉 사람은 유익해서가 아니라 단순히 그것이 아름답게 조화된 행동의 총체에서 탄생했기 때문에 종교를 믿는다. 믿음이 매력적인 이유는 그것이 삶을 조정하는 모든 수단이 될 수 있기 때문이다.

사람들은 벌써 수천 년 동안 이와 같은 관점에서 종교를 바라봤다. 플라톤은 『법률Nomoi』에서 놀이를 은유적으로 사용했다.

실질적으로 우리가 열과 성을 다해 추종할 만한 가치가 있는 것은 신이다. 반면 인간은 이미 예전부터 알려졌듯이 신의 손바닥 위에 놓인 장난감일 뿐이며 그것조차도 사실 인간의 최선이다. 모든 사람은 남자든 여자든 이 목표를 추구해야 하며 가장 아름다운 놀이로써 자신의 삶에 진정한 내용을 채워야 한다.

—『법률』

독일의 신학자이자 철학자인 로마노 과르디니Romano Guardini는 이를 근거로 기독교 예배의 유희적인 성격을 '목적은 없으나 의미는 있는' 것이라고 묘사했다. 몇몇 사람들은 이해하지 못하겠지만, 때때로 신자들에게 종교란 오직 믿음이 즐겁다는 이유만으로도 믿을 가치가 있다.

일곱 가지 근본기분을 완벽하게 열거할 수는 없다. 사람에 따라 어떤 이들은 예를 들어 권태, 무관심 혹은 그밖의 다른 기분을 근본기분이라고 생각할 것이기 때문이다. 내가 이 책에서 언급한 근본기분 몇 가지는 그저 믿음을 바라보는 관점이 다양하게 존재할 수 있다는 점을 보여줄 뿐이다.

그렇다면 바에서 옆자리에 앉은 사람과 내가 믿음을 바라보는 시각이 서로 완전히 다르다면 어떻게 해야 할까? 옆자리 사람이 인식하는 근본기분이 무엇인지 호기심이 생긴다면 대화는 더욱 깊어질 것이다. 또 나 자신은 어떤 근본기분으로 살고 있는지 자신에게 묻고 이를 이야기한다면 더욱 유익할 것이다. 이런 식으로 해서 기독교인과 불가지론자의 의견 교환은 점차 각자의 방식에 따라 현실을 사는 두 사람의 대화로 변할 수 있다. 이렇게 열린 마음으로 질문을 던지다 보면 우리는 서로를 인정하고 존중하게 된다. 그리고 서로를 인정하고 존중해야 비로소 생각이 다른 사람들이 공생할 수 있는 환경이 마련된다.

근본기분을 바라보는 이런 태도를 두고, 믿음에 대한 지나치게 인간적인 관점 아니냐는 신자들의 항변이 들리는 듯하다. 어쩌면 근본기분을 바라보는 관점이 비종교적인 사람들의 견해에 너무 강한 영향을 받은 것은 아닐까? 나는 개인적으로 근본기분을 토대로 종교를 관찰하는 관점 또한 존재할 수 있다고 본다. 근본기분이란 신이 인간에게 불어넣은 것이며 그 때문에 인간은 신을 갈망한다.

근본기분을 중심으로 대화하다 보면 우리는 나와 상대방을 양극단으로 나누는 대신 서로를 자신과 같은 인간으로 인식하는 단계에 도달한다. 의견 조율이 불가능한 반박만 계속하는 단계에서 대화를 끝내는 것이 아니라, 타인의 삶과 내 삶에서 각각 어떤 근본기분이 더 높은 비중을 차지하고 있는지 알아내는 단계에 도달하는 것이다. 이런 대화는 갈등이 아니라 더 깊은 이해로 이어진다. 우리 모두가 그 방법을 배운다면 바텐더 또한 어느 날 자신의 바에서 손님들이 종교를 주제로 대화를 나눠도 문제가 없으리라 여기게 될 것이다.

9

멍청이들은 늘
지나치게 확신한다

의심에 관하여 ~~~~~~~~~~~~~~~~~~~~~~~~~~~~~~~~~~~~

"철학이 우리의 자만 그리고 허영과 싸우고,
동시에 자신의 우유부단함, 불충분함, 무지에
솔직하고 성실하게 책임을 지는 모습을 보노라면
나는 도저히 철학을 쉽게 이길 수 없다."

ㅡ 미셸 드 몽테뉴

율리 체Juli Zeh는 2016년에 발표한 소설 『운터로이텐Unterleuten』
에서 가상의 마을 운터로이텐의 주민들이 풍력 발전소 건설을 둘
러싸고 혼란에 빠지는 모습을 그렸다. 이 소설의 각 장은 각기 다
른 인물의 시점을 설득력 있게 전개한다. 독자들은 어떤 장을 읽
을 때는 풍력 발전소 건설 추진자의 의견에 전면적으로 동의하다
가 바로 다음 장에서는 건설을 결사반대하는 의견에 동조한다. 또
소설 대부분의 장에서는 대지주인 곰브로브스키에 이입해 고약하
고 늙은 공산당원인 크론을 싫어하다가 50페이지 이후로는 갑자
기 크론에 이입해 거만한 곰브로브스키를 싫어하게 된다. 이 책은
600페이지 내내 유연한 관점의 전환을 연습하도록 도와준다. 페
이지마다 독자는 방금 전까지 견지하던 입장을 스스로 의심하게
된다.

바로 이런 이유에서 이 책을 추천하고 싶다. 완벽하게 타인의
입장이 되어 생각하는 방법을 배우는 것은 우리가 타인과 함께 살

아가는 데 매우 유용하다. 우리는 비슷한 사람들끼리만 어울리기 쉬운 시대에 살고 있다. 나와 다른 생각을 가진 사람들을 이해하려는 열린 마음을 가진 사람이 점점 줄어드는 추세다. 게다가 열린 사람들이 이상한 사람 취급을 받는다. 이런 세태를 치유하고자 철학이 처방할 수 있는 가장 강한 약은 바로 '의심'이다. 자신의 무지함을 받아들인다면 나와 다른 의견이나 태도를 보이는 사람들에게도 열린 마음으로 다가갈 수 있다.

『운터로이텐』을 읽으면서 든 생각은 도대체 이 모든 캐릭터들이 얼마나 깊고 견고한 터널 시야(터널 안에서는 터널의 입구만이 작은 점처럼 보이고 주변 시야가 제한된다-옮긴이 주)에 갇혀 있느냐는 것이었다. 운터로이텐 주민들이 서로를 이해하려면 이웃집 대문 안을 들여다보는, 다시 말해 이웃의 입장이 되어보는 수고를 해야 한다. 이 소설의 구조는 필터 버블(이용자의 관심사에 맞춰 필터링된 정보만을 제공해 이용자가 편향되도록 만드는 현상-옮긴이 주)과 양극화로 가득한 우리 사회의 모습을 거울처럼 비추어 보여준다.

필터 버블이라는 표현을 처음 사용한 사람은 미국의 인터넷 운동가 일라이 파리저Eli Pariser다. 그를 포함해 인터넷을 이용하는 모든 사람은 필터 버블에 갇혀 있다. 필터 버블은 각 개인의 고유한 정보 세계다. 페이스북이든 구글이든 넷플릭스든, 모든 미디어가 개인화된 알고리즘에 따라 사용자들에게 알맞은 정보만을 노출한다.

　즉 정치적으로 우파 성향을 띠는 사람은 온라인상에서 좌파 성향인 친구나 언론사의 의견이나 소식을 보지 못할 가능성이 높다는 뜻이다. 또 동영상 플랫폼은 갓 공개된 새로운 드라마 시리즈를 즉시 사용자들에게 추천한다. 넷플릭스가 분석하기에 시청자에게 맞지 않을 것 같다고 분류한 시리즈를 일부러 찾아서 보려면 꽤 긴 시간을 수고해야 한다. 두 사람이 동시에 똑같은 검색어를 구글 검색창에 입력한다고 해도 검색되는 결과는 다르다. 알고리즘에 따라 그 사람과 가장 관련 있는 정보가 우선 표시되기 때문이다.

　파리저는 사람이 한 개인으로서 자신에게 보이는 정보를 고를 결정권을 갖지 못한다는 것이 필터 버블의 문제점이라고 지적했다. 결국 우리는 점차 자신의 시야를 넓히거나 세계관을 뒤흔들 새로운 정보가 아닌 전혀 놀랍지 않을뿐더러 익숙한 정보만을 받아들이게 될 것이다. 필터 버블은 모든 사람에게 거의 비슷한 정도로 고유하고 편안한 세상을 제공한다. 이런 세상 속에서 우리는 좁아진 시야 때문에 다른 사람의 관점이나 입장을 고려하지 못하며 결국 타인을 이해하지 못할 위험에 처한다. 인터넷이 전 세계의 사람들을 더 가깝게 만드는 만큼 개개인은 점점 더 고립된다. 트위터에서 사람들이 서로 주고받는 멘션이 대표적인 예 중 하나다. 트위터에서 사람들은 자신의 의견을 표명한다. 그리고 다른 사람과 대화를 나누기 위해서가 아니라 그저 자신의 입장을 널리 알리고 그것이 옳다는 걸 주장하려고 온라인 상태를 유지한다. 트위터에서는 누구도 의심하거나 의심받지 않는다.

우리를 가두는 필터 버블은 가상공간에만 존재하는 것이 아니다. 미국의 사회학자 로버트 퍼트넘Robert Putnam은 2000년에 펴낸 책 『나 홀로 볼링Bowling Alone』에서 미국인들이 어떻게 서로에게 소원해졌는지를 설명했다. 그는 볼링을 치는 사람은 점점 늘어나는데 볼링 동호회에 가입하는 사람은 점점 줄어드는 세태를 관찰하고서 이 책의 제목을 정했다. 이런 현상은 시민사회의 침식이나 마찬가지다. 스포츠 동호회, 교회, 정치 정당, 노동조합 등 모든 단체가 구성원 감소를 호소하고 있다. 그렇다면 비교적 동질적인 사람들이 모인 조직의 구성원이 아닌 개인이라면 오히려 생각이 다른 사람들과 더 자주 교류할 수도 있지 않을까?

퍼트넘의 연구 결과는 그 반대였다. 퍼트넘은 먼저 유대 자본과 교류 자본을 구분했다. 유대 자본은 거의 비슷한 배경을 가진 사람들과 어울릴 때 얻을 수 있는 것이고, 교류 자본은 다른 배경을 가진 사람들과 어울릴 때 얻을 수 있는 것이다. 여기서 배경은 사회적, 문화적, 도덕적, 경제적 환경을 말한다. 퍼트넘이 모은 데이터에 따르면 유대 자본이 풍부한 사람일수록 더 많은 교류 자본을 얻을 수 있었다. 구체적으로 설명하자면 종교 단체나 정치 정당처럼 같은 배경을 가진 사람들이 모인 조직에 속한 개인은 이웃

집에서 열리는 바비큐 파티에 참석할 가능성이 높고, 거기서 다른 배경을 가진 이웃과 만날 가능성 또한 높다.

네덜란드 사회문화기획원이 '네덜란드의 차이'라는 제목으로 2014년에 진행한 연구에 따르면 유럽 전역에서 사회문화적인 주제와 관련된 양극화가 점점 심각해지는 추세다. 특히 유럽 국가들이 유럽 연합이나 이민자, 다문화 사회를 대하는 모습에서 알 수 있듯 양극 간의 갈등은 지난 수십 년 동안 서서히 깊어졌다. 그런데 퍼트넘의 연구 결과에서 유추하자면 그동안 모든 분야에서 양극화의 골이 깊어지기만 한 것은 아니다. 이런 갈등은 윤리종교 분야(예를 들어 낙태, 안락사 등)에서 사회문화 분야로 옮겨갔다.

율리 체가 『운터로이텐』에서 묘사한 양극단으로 편향된 인물들이 모인 소우주는 현실을 섬세하게 반영한다. 현대 사회에서 사람들이 각자의 필터 버블에 갇혀 교류 자본을 거의 얻지 못하고 사회문화적으로 양극화된 모습을 그대로 보여주는 것이다. 그러므로 자신의 의견을 의심하는 법을 배우는 것은 사회적으로 매우 중요하다. 자신의 생각과 입장을 끊임없이 탐구하다 보면 타인과의 대화를 더 유연하고 열린 마음으로 받아들이게 된다. 그 결과 사회 안에서 진정으로 함께 사는 법을 터득할 기회를 더 많이 얻을 수 있다. 그리고 의심을 배우기에 가장 좋은 학교는 바로 철학이라는 학교다.

철학적 의심을 가장 강력하게 주장한 사람은 소크라테스다.

그는 아테네 광장에서 젊든 나이가 들었든, 교육을 받았든 안 받았든 상관없이 모든 사람과 삶의 위대한 문제를 주제로 대화하기를 즐겼다. 이때 소크라테스가 사용한 대화법이 바로 '산파술'이다. 산파가 임부의 출산을 돕듯이 소크라테스 또한 대화 상대방이 자신의 내면 깊은 곳에 잠들어 있는 지식을 통찰하도록 도왔다. 즉 지식을 직접 알려주는 것이 아니라 끊임없이 질문을 던짐으로써 상대방이 직접 깨달음을 얻도록 이끌었다. 이 때문에 소크라테스는 자신의 대화법을 산파술이라고 이름 지었다. 소크라테스는 상대방을 의심으로 이끌었다. 그는 "내가 다른 사람들을 당황시키는 이유는 내 현명함을 드러내기 위함이 아니다. 그럴 때면 나 또한 당황한 상태다."라고 말했다. 이런 대화법의 목적은 대화에 참여하는 사람들이 날카로운 통찰력을 얻을 수 있도록 깨우치는 것이다.

이처럼 상호 간 의심을 바탕으로 대화를 이끌어가는 방식은 소크라테스 대화법에서 출발했다. 20세기 초에는 독일의 철학자 레오나르트 넬존Leonard Nelson에 의해 연구됐다. 이 대화법은 오늘날까지도 조직이나 학교, 기업 등에서 사용된다. 넬존은 참가자들이 각각 소크라테스의 대화법과 독단적인 대화법으로 자신과 견해가 다른 사람을 설득하는 실험을 진행했다. 소크라테스 대화법을 사용한 사람은 상대방에게 더 이상 답변이 불가능한 질문을 던졌다. 그런 다음 대화 속에서 사용된 개념의 의미를 함께 해석하고 가정을 설명하고자 애썼다. 그 과정에서 사람들은 불안해하기도 했지만, 시간이 지나면서 서로를 더 잘 이해할 수 있게 됐다. 넬존은 이렇게 말했다. "소크라테스에게 이것은 상대방이 지혜를 좋아하는지 여부를 알아보는 일종의 시험이었다. 더 나은 지식에 도달하기 위해서라면 소크라테스는 무지도 마다하지 않았다."

소크라테스적인 생각의 흔적은 프랑스의 인도주의자 세바스티앙 카스텔리오Sebastian Castellio가 남긴 말에서도 찾아볼 수 있다. "불확실한 것을 확실한 것으로 여기고 그런 질문에 아무런 의심도 제기하지 않는 것은 누구도 반박당하지 않는 상황과 마찬가지로 무분별할 뿐만 아니라 위험하기까지 하다." 이것은 확고한 생각과 억압의 상관관계를 설명한 그의 저서 『의심과 믿음, 무지와 지식의 예술De arte dubitandi et confidendi ignorandi et sciendi』에 서술된 문장이다. 그는 자신의 지식을 지나치게 확신하는 사람들은 타인의 생각을 받아들일 여유가 없다는 점도 이 책에서 언급했다.

> 의심이나 무지와는 전혀 상관없는 것처럼 구는 족속들이 있는데, 이들은 모든 것을 확고하게 주장한다. 만약 당신이 이들과 생각이 다르다면 이 족속들은 아무런 거리낌도 없이 당신을 찍어 눌러버릴 것이다.
>
> —『의심과 믿음, 무지와 지식의 예술』

카스텔리오는 반대를 인내할 줄 아는 사회를 지지했다. 더 많은 시민들이 자신의 신념을 의심할수록 서로에 대한 이해가 더 깊어진다는 뜻이다.

독일의 철학자 아르투어 쇼펜하우어 역시 의심에 일가견이 있었다. 그는 의심이 철학하는 것의 본질이라며 이렇게 말했다.

철학하는 데 우선적으로 요구되는 두 가지가 있다. 첫째, 어떤 의문도 가슴속에만 품고 있지 않을 용기가 필요하다. 둘째, 스스로 이해한 모든 것을 문제로 바라볼 명확한 의식을 갖춰야 한다.

쇼펜하우어에 따르면 사람은 모든 것에 질문을 던지고 확신에서 벗어날 용기를 가져야 한다. 쇼펜하우어의 이 말은 철학하는데 이르는 방법을 묘사한다. 친구들과 식사하러 가서 즐거운 대화를 나눈다고 상상해보자. 이때 서로에게 당연하다고 생각해서 의심해볼 생각조차 하지 않는 신념이 있는지, 있다면 무엇인지 물어본다. 그리고 바로 그 당연함을 문제 삼는다.

얼마 전 나는 저녁 식사 자리에서 이 질문을 던졌다. 내 친구들이 말한, 너무 당연해서 스스로 의문을 품은 적이 없는 신념은 다음과 같은 것들이었다. "자신의 강점을 발휘하는 것이 중요하다." "마음이 시키는 대로 따라라." "안정과 쾌적함에서 벗어나야 좋은 일들을 겪을 수 있다." "모든 일은 그럴 만한 이유가 있어서 일어난다." 마침내 우리는 자주 들어본 슬로건인 "늘 진정성 있게 행동하라."는 말을 문제 삼아보기로 했다.

진정성이란 도대체 무엇인가? 만약 이 진정성이라는 것이 "너 자신이 되어라."라는 말과 관련이 있다면 도대체 '자신'이란 무엇인가? 늘 진정성 있게 행동하지 않는 듯 보이는 사람들이 얼마나 많은가? 항상 진정성 있게 행동해야 한다면 얼마나 피곤할까? 애초에 항상 진정성 있게 행동하는 일이 가능하기는 할까? 우리는 어릴 때부터 남을 흉내 내며 자라지 않았는가? 어쩌면 삶의 미학은 우리가 살아가면서 언제 진정한 자신이 되고, 언제 타인을 모방하고, 언제 특정한 역할을 도맡아야 하는지를 느끼는 데 있는 게 아닐까? 이런 주제에 관해 토론했지만 만족스러운 답을 얻지는 못했다. 하지만 식사가 끝난 후 "늘 진정성 있게 행동하라."라는 말에 고개를 끄덕이는 사람은 아무도 없었다.

나는 이런 대화를 적극 권장한다. 이 방법을 활용하면 우리는 스스로 굳게 믿고 있던 신념이 뒤흔들리는 경험을 하게 된다. 나아가 예상치 못한 관점을 솔직하게 마주하고 놀라운 통찰력을 얻게 될 것이다.

소크라테스의 대화법은 우리가 일상생활에서 다른 사람들의 생각을 더 열린 마음으로 받아들일 수 있도록 노력하는 데 유용한 여러 도구를 제공한다. 우선 질문을 던지는 것부터 시작한다. 특정한 주제를 독단적으로 판단하는 것은 최대한 뒤로 미룬다. 대화를 나눌 때 '그래, 그렇지만…'이라는 반응이 가장 먼저 튀어나오는 것을 경계하고 상대방이 말한 내용과 관련이 있는 말을 하려고 노력한다. 이렇게 간단한 규칙을 지키는 것만으로도 여태까지와는 완전히 다른 차원의 대화가 가능해진다. 나아가 타인의 다양한 입장과 견해를 근본적으로 이해할 수 있다는 사실을 금방 깨닫게 된다.

철학은 이미 수백 년 전부터 독단적이고 원리주의적인 생각을 치유하는 약물이었다. 필터 버블과 양극화가 극심한 지금이야말로 철학하는 것이 확신에 의문을 던지도록 도움을 준다. 나와 생각이 다른 사람들과 진솔한 대화를 나누며 서로를 더 잘 이해하는 데도 도움이 될 수 있다. 영국의 유명한 철학자 버트런드 러셀 Bertrand Russell은 이렇게 말했다. "세상의 문제는 멍청이들과 광신도들은 늘 자신을 지나치게 확신하는 반면 현명한 사람들은 의심으로 가득하다는 점이다."

10

성적 욕망이
나에 대해
알려주는 것들

섹스에 관하여 ～～～～～～～～～～～～～～～～～～

"로맨틱한 사랑은 타인에게서 찾은
자신의 가장 높은 가치에 대한 반응,
즉 마음, 몸, 사랑, 그리고 성적인 욕구의 반응이다."
— 에인 랜드

나는 생활윤리 교사로서 여러 중학교에서 성교육 및 성과학 수업을 청강한 적이 있다. 당시에는 '성性'이라는 주제가 철저히 위험한 것으로만 다뤄졌다. 성교육 수업이 끝나고 나면 학생들은 성추행을 어떻게 알아차리고 스스로를 지킬 수 있는지, 아직 미성숙한 10대 청소년에게 임신이 얼마나 위험한지, 전염 가능성이 있는 성병에는 어떤 것들이 있는지, 성에 관한 잘못된 생각과 성폭력이란 무엇인지, 비위생적인 섹스를 어떻게 지양할 수 있는지 등을 배웠다. 말하자면 성교육이란 '섹스 때문에 발생할 수 있는 문제와 위험을 피하는 방법'과 동의어였다. 물론 이것은 아주 중요한 일이다. 하지만 내가 청강한 어떤 성교육 수업 시간에도 섹스가 얼마나 훌륭한 것이며 어떻게 하면 그 즐거움을 더 집중적으로 경험할 수 있는지는 다루지 않았다. 당연히 학생들이 어떤 상대방에게 성적으로 끌리는지 직접 이야기해볼 기회도 없었다.

　성의 위험한 측면에 초점을 맞추는 성교육은 우리 몸에 관한 서양식 사상의 산물이다. 게다가 그 역사는 길다. 서양인들은 대개 신체를 인간이라는 존재가 두 가지 본질, 즉 신체와 정신으로 이루어져 있다고 보는 '인간학적 이원론Anthropological dualism'의 입장으로 이해했다. 이런 이해가 얼마나 당연시되는지는 주치의를 보면 알 수 있다. 주치의는 우리를 어떤 경우에는 병원이나 물리치료사에게 보내고, 어떤 경우에는 심리학자나 정신과 의사에게 보낸다. 우리는 아주 자연스럽게 신체와 정신을 구분해 각기 다른 방식으로 돌본다. 프랑스의 철학자 르네 데카르트의 말에 따르면 인간은 생각하는 부분(정신)과 공간에 존재하는 부분(몸)으로 이루어졌다. 이런 관점에서 사람들은 몸과 정신이 연결되지 않았다고 생각했다. 여기서 더 나아가 몸이 비교적 열등한 것이라고 생각하기도 했다.

인간학적 이원론에 반대되는 것이 인간이라는 존재를 단순한 부분의 총합으로 설명할 수 없다고 보는 '인간학적 전체론 Anthropological holism'이다. 인간학적 전체론은 특히 중국 전통의학에서 매우 중요하다. 중국 전통의학 의사들은 손가락 감각으로 환자의 기력을 느낌으로써 신체적인 상태는 물론 정신적인 상태까지 알아낸다. 이렇게 그들은 질병의 증상뿐만 아니라 그 환자의 전반적인 건강 상태가 어떤지, 정신적·신체적인 질병의 원인이 어디에 있는지 파악한다. 인간을 총체적으로 바라보는 이런 시각은 서양의 이원론을 보완하는 데 큰 도움이 된다. 이런 관점에서 2003년에 세계보건기구가 중국 전통의학을 부비동염, 편두통, 기관지염의 치료법으로 인정한 것은 의미 있는 일이다.

많은 사람이 서양의 이원론을 창시한 사람으로 플라톤을 꼽는다. 그는 신체와 정신을 구분했을 뿐만 아니라 위계적으로 정리했다. 플라톤은 신체란 그저 영혼을 가둔 감옥이라고 말했다. 즉 신체가 정신의 성장을 방해한다는 것이다. 플라톤의 저서 『향연The Symposium』에는 그가 바람직하다고 생각하는 성적 발달이 무엇인지 명확하게 드러나 있다.

사람은 생애 동안 욕망의 지배를 받으며 자란다. 플라톤에 따르면 사람은 태어나면서부터 다른 육체적인 존재를 갈망한다. 시간이 지나면서 사람은 자신의 성적인 욕구가 특정한 신체적 유형에 대한 갈망에서 비롯된다는 사실을 깨닫는다. 주관적으로 아름답다고 생각하는 신체 유형에 대한 갈망은 점점 깊어진다. 하지만 신체 유형에 대한 갈망을 인식하기 전까지는 정신적인 관념이 신체보다 훨씬 흥미롭다고 생각한다. 그래서 신중함이나 즉흥성 같은 타인의 정신적 특성에 더 강하게 끌린다고 느낀다. 그러다 어느 순간부터 이런 특성을 문학 작품이나 관념에서도 즐길 수 있다는 점을 깨닫는다. 마침내 사람들은 정신적인 아름다움을 온전하게 즐기고자 했다.

이런 플라톤적인 사다리를 열심히 기어오르다 보니 사람들은 점점 육체적인 것과는 거리가 멀어졌고 그들의 욕망은 정신적인 것으로 옮겨갔다. 플라톤은 정신적인 것이 신체적인 것보다 우월하다고 여겼기 때문에 사람들이 더 나은 방향으로 발전했다고 생각했다. 그 이후부터 사람들은 성적인 행위가 배제된 친밀한 관계를 '플라토닉 러브'라고 불렀다.

플라톤적인 이원론을 계승한 것이 기독교 사상이다. 예수는 『신약성서』에서 신체가 정신보다 하위에 있다고 말하며 유명한 잠언을 남겼다. "마음은 간절하나 육신은 약하도다."

기독교적 이원론은 중세 시대의 신학자들이 성을 바라보는 관점에 영향을 미쳤다. 이탈리아의 철학자이자 신학자인 토마스 아퀴나스는 자연적인 것과 부자연적인 것을 구분했다. 아퀴나스에 따르면 자손을 낳기 위한 목적 이외의 섹스는 '부자연적인 악'이었다. 즉 육체적인 쾌락이나 자신의 의지에 따른 섹스는 죄였다. 수십 년 전까지만 해도 이런 사고방식이 만연했다. 그 때문에 결혼은 했으나 자녀가 없는 부부가 목사를 만나면 부부는 목사가 자신들에게 성행위의 의미와 목적을 잊은 것은 아닌지 일깨워주려 한다는 것을 금방 눈치채곤 했다. 전 교황 요한 바오로 2세는 다음과 같이 말한 적이 있다.

남자와 여자가 '나는 아버지가 될 수 있어.', '나는 어머니가 될 수 있어.'라는 생각을 적극 거부한다면 (중략) 두 사람은 그들의 행위

를 객관적인 향락으로만 제한할 위험에 빠지며 그 대상은 사람
이다.

계몽주의 철학자였던 이마누엘 칸트는 교회의 전통에 전적
으로 동의했고 다른 사람을 자신의 성적인 만족의 대상으로 여기
는 것을 위험하다고 생각했다. 가톨릭교회는 자손을 낳으려는 목
적이 아닌 모든 섹스를 금지하는 해결책을 내놓았고 칸트 또한 이
를 엄격하게 따랐다. 그 말은 부부가 더 이상 자녀를 낳지 않을 생
각이라면 섹스를 해서는 안 된다는 뜻이다. 이를 바탕으로 칸트
는 또 다른 해결책을 고안했다. 그는 결혼을 두 사람이 자신의 향
유를 위해 서로를 이용해야 하는 계약이라고 봤다. 그가 생각하는
결혼의 '로맨틱한' 정의는 다음과 같다.

결혼이란 성별이 다른 두 사람이 각자의 성적인 특성을 상호적
으로 사용하기 위한 결합이다.

— 『윤리형이상학Die Metaphysik der Sitten』

칸트가 평생 결혼하지 않았던 것도 놀랍지 않다. 결혼을 위와
같이 정의한다면 결혼하고 싶은 생각이 싹 달아날 테니 말이다.
그런데 사람들이 타인을 수단으로 만들지 않기 위해 반드시 평생
가는 계약을 맺어야만 하는 이유가 무엇인지는 칸트의 말에서도

명확하게 드러나지 않았다. 그러다가 최근 섹스와 관련해 상호 계약이 필요하다는 생각이 다시 불거지고 있다. 스웨덴에서 새로 제정된 법률에 따르면 모든 성적인 행위를 하기 전에는 상호 간의 구두 합의가 선행되어야 한다. 칸트의 말과 달리 스웨덴에서는 하룻밤의 관계에서도 합의, 즉 계약이 가능하다.

섹스는 오로지 번식을 위한 것이라고 강조하는 기독교적인 생각에서 사람들은 점차 벗어났다. 다만 19세기에 등장한 인간에 대한 혁명적인 생각은 성의 본질적인 특징을 다른 방식으로 강조했다. 이런 상황이 철학에 어떤 영향을 미쳤는지는 쇼펜하우어를 보면 잘 알 수 있다. 그는 기독교적인 생각과는 거리를 두었지만, 생물학적인 관점에서 성생활의 목적이 번식에 있다고 봤다. "사랑에 빠진 정열은 분명 생산과 그 본성을 축으로 돌기 때문이다."

그러나 섹스의 의미를 번식 행동으로만 제한한다면 많은 것을 놓치게 된다. 욕망의 결정적인 의미는 물론이고 마음에 드는 사람에게 처음으로 말을 거는 순간부터 침대에서 벌어지는 애정 행위에 이르는 모든 행동을 일으키는 감정의 가치를 이해할 수 없으리라. 이렇게 성생활의 의미를 제한하는 혁신적인 사고방식에 따라 번식, 즉 자손을 낳는 것이 성생활을 넘어 삶 전체의 목적이 됐다. 그래서 원해서든 원치 않아서든 자녀가 없이 사는 사람들은 의미 없는 삶을 산다고 비난받았다.

토마스 아퀴나스나 교황 요한 바오로 2세, 칸트, 그리고 혁명적인 사상가들은 그들의 이원론적 인간상에 따라 섹스의 의미를 그저 육체적인 행위로 제한했다. 몸을 몸이 아닌 대상 혹은 물체로 본 셈이다. 마치 사람이 오직 다른 사람의 몸이라는 물체와 섹스를 하는 것처럼 말이다.

섹스가 단순히 신체적인 것이 아니라 사람들 간의 정신적인 교류이기도 하다는 점은 영국의 철학자 로저 스크러턴Roger Scruton이 명확하게 밝혔다. 연인과 식사를 하러 가서 테이블 아래로 자신의 다리가 문질러지는 것을 느낀다면 사람은 누구나 성적으로 흥분할 것이다. 그런데 자신의 다리를 문지르는 것이 연인의 다리가 아닌 생판 남의 다리라는 사실을 알게 된다면 흥분은 순식간에 불쾌함으로 바뀐다. 이것은 성적인 흥분이 순전히 신체적인 반응에서 오는 것이 아니라 나와 상대방 사이의 교감과 연관된 반응임을 잘 보여준다.

두 사람의 육체적 교류를 그 존재에 대한 생각과 분리해 독립적으로 생각할 수는 없다. 다른 사람의 몸을 직접 느끼고 경험한다는 것은 다른 사람의 존재의 체현을 경험한다는 뜻이다. 이런 사고방식에 따르면 사람은 타인의 몸 안에서 그와 직접 만날 수 있다. 스크러턴이 "여성의 질 안에 받아들여진다는 것은 그녀에게 받아들여진다는 뜻이다."라고 생생하게 표현했듯이 말이다.

우리가 살아 있는 동안 신체는 그저 몸이 아니라 체현이다. 즉 나라는 개인의 개성과 영혼, 의식의 체현이다. 죽은 사람을 본 적이 있다면 시체야말로 그저 몸이라는 점을 알 것이다. 성행위를 생각할 때 그 즐거움에 더욱 집중하려면 우리는 육체와 정신이 서로 대립한다는 이원론을 극복하고 그것들이 서로 속해 있다는 사고방식에 도달해야 한다. 신체에 정신이 깃들어 있다는 점을 깨닫고 신체가 정신의 체현이라는 점을 이해했다면 앞으로의 성교육은 어떻게 바뀌어야 할까?

신체와 정신이 서로 떼려야 뗄 수 없이 연결되어 있다면 성적 욕구란 단순히 누군가를 신체적으로 매력적이라고 여기는 것보다 더 큰 의미다. 누군가에게 성적 매력을 느끼는 것은 그 사람의 개성에서 매력을 발견하는 것과 마찬가지다. 성적 욕망은 우리가 의식하는 것보다 우리에 관해 훨씬 더 많은 사실을 드러낸다. 러시아계 미국인 작가이자 철학자인 에인 랜드Ayn Rand는 이를 주제로 여러 편의 소설을 남겼다. 권리와 관련된 정치적 사상 측면에서는 논란의 여지가 있는 소설이긴 하지만 말이다. 아무튼 그는 『아틀라스Atlas Shrugged』에서 등장인물의 입을 빌려 설득력 있는 주장을 전개한다.

어떤 남자가 성적 매력을 느끼는 대상을 말해주면, 그 남자의 전반적인 삶의 철학을 알려드리죠. 또 그 남자와 자는 여자를 보여주면 그 남자가 자신에 대해 어떤 평가를 내리는지 알려드릴게요.

　랜드는 사람들이 자신의 내면의 가치를 그대로 반영한 상대방과 사랑에 빠지고 성적인 관계를 맺는다고 생각했다. 또한 사람들이 그다지 높은 자긍심을 가질 수 없는 시대에는 자신감 넘치는 사람이 매력적이라고 생각하는 사람 또한 줄어들 것이라고 말했다. 그런 사람 앞에서 많은 사람이 주눅 들 것이기 때문이다. 같은 맥락에서 자의식이 강한 사람만이 똑같이 자의식이 강한 사람을 매력적인 사람으로 여기리라고 주장했다. 그러나 이것은 너무 성급한 결론이었는지도 모른다.

　랜드의 사고방식은 적어도 우리가 살고 있는 삶의 시점이 그 순간 성적 욕망을 설명하는 단초일지도 모른다는 의문을 던졌다. 즉 사람이 인생의 어느 단계에 있는지, 어떤 의문을 품고 있는지, 어떤 두려움이나 야망을 갖고 있는지, 성격은 어떤지, 무엇에 불안을 느끼는지 등이 그의 성적 욕망에도 영향을 미친다는 말이다. 이들 중 몇 가지는 평생 변하지 않는다. 우리는 자신이 삶의 어느 단계에 있는지를 알 수 있듯이 성적 욕망의 전개 또한 알 수 있다.

　인생에는 모험이 필요한 시기가 있는가 하면 오로지 안정만이 필요한 시기도 있다. 보호받고 싶은 시기가 있는가 하면 용기가 필요한 시기도 있다. 이 모든 것이 성적 욕망에도 영향을 미친다. 따라서 성적 욕망은 우리가 그 순간 당장 섹스하고 싶다고 느끼는 것 이상의 의미다.

프랑스의 현상학자인 모리스 메를로퐁티Maurice Merleau-Ponty는 한 사람의 성적인 발전 과정을 보면 그 사람의 삶을 해석할 수 있다고 했다. 어떤 인물의 성생활이 시간의 흐름에 따라 어떻게 발전했는지를 서술하다 보면 그의 개인사를 기록할 수 있다는 것이다.

현상학Phenomenology이란 세상이 우리에게 어떻게 보이는지를 묘사하는 학문이다. 그래서 현상학자들에 따르면 철학적으로 세상을 분석하고자 할 때 세상으로 점점 범위를 확대해나가서는 안 된다. 개인의 구체적인 경험으로 점점 범위를 좁혀들어가야 세상을 이해할 수 있다. 이런 식으로 우리는 지난 시간 동안 경험한 개인의 성생활이나 성생활 파트너를 서술할 수 있다. 메를로퐁티에 따르면 다른 사람의 몸은 우리에게 몸 그 이상의 것으로 보인다. 그는 성적인 욕구에 관해 이렇게 서술했다. "사람이 소유하고자 하는 것은 몸이 아니라 의식이 깃든 육체다." 성생활은 우리가 세상과 다른 사람들을 대하는 모든 근본적 방식을 그대로 드러낸다.

인간학적 이원론을 극복하고 인간을 영혼이 깃든 육체 혹은 체현된 영혼이라고 본다면 성교육 시간 또한 근본부터 바뀔 수 있다. 임신의 위험성이나 임신의 기술적·생물학적 측면, 그리고 전염 가능한 성병에 관한 내용을 가르치기보다 성의 긍정적이고 현실적인 측면을 가르치게 된다. 그러면 학생들은 성생활이 자기 인식으로 가는 열쇠가 될 수 있으며 삶의 근본적인 한 영역이라는 점을 명확히 알게 될 것이다.

또한 우리는 현상학적 접근법을 통해 자신을 다른 방식으로 바라보고 타인의 입장이 되어 생각하는 방법을 배운다. 어떤 사람이 성적으로 흥분하는 대상은 그 사람이 삶을 살아가는 방식을 드러낸다. 이런 관점은 실용적인 성교육 수업에 쾌락의 중요성을 더할 것이다. 내가 청강했던 성교육 수업은 칸트나 요한 바오로 2세처럼 성과 성행위가 일상적인 행동이 되는 것을 두려워하고 사람들이 쾌락의 가능성에 조금이라도 눈을 돌릴라치면 그들을 비난하고 격하시키려는 의도를 가진 것처럼 보였다.

성적 쾌락이 지극히 평범한 것일 수도 있다는 점을 두려워하는 생각은 인간을 이원론적으로 바라보는 사상의 뿌리다. 반면 강력한 전체론적 시각에서 보면 신체적 만족은 정신적 측면에서 벌어지는 일과 떼려야 뗄 수 없다. 상대방과 함께 각자가 무엇을 아름답다고 생각하는지 이야기를 나눠보자. 그리고 그것이 자아상, 자기 가치, 개인의 성격 등을 어떻게 드러내는지 더 많은 대화를 나눌수록 성적 쾌감은 더욱 높아질 것이다. 이와 관련해 힌두교에서 결혼한 남자와 여자들에게 전해지는 성애에 관한 안내서인 『카마수트라Kama Sutra』에서 배워야 할 점이 있다. 이 책에는 성적 결합의 종류와 동작, 즉 체위에 대해 자세히 묘사되어 있을 뿐만 아니라 사랑과 욕구의 의미, 성행위가 인간의 삶에서 지니는 역사

적 의미 또한 담겨 있다. 이처럼 성이란 그 위험성을 경고하는 것
으로 묘사되기보다는 두 전체적인 존재가 결합하는 긍정적인 것
으로 묘사되어야 한다. 그래야 어린 학생들이 앞으로 성과 성행위
를 어떻게 받아들이고 스스로 시도해나갈지를 자연스럽게 그리고
건강하게 배울 수 있다.

11

타인의 기대를 거부할 때
찾아오는 자유

불순응주의에 관하여 ~~~~~~~~~~~~~~~~~~~~~~~~

"인간이고자 한다면 불순응자여야 한다."

— 랄프 왈도 에머슨

2017년 1월 25일 네덜란드의 토크쇼 〈이넥〉이 방송된 이후 출연자 쥘 데일더르의 제멋대로인 태도가 도마에 올랐다. 그는 시인이자 자칭 로테르담의 '밤의 시장'으로 유명한 인물이다. 진행자를 비롯해 다른 출연자들과 대화를 나누던 중 데일더르는 불같이 화를 내며 고함을 질러댔다. 또한 다른 사람들의 말을 계속해서 가로막았다. 작가 코니 팔먼과 말싸움을 한 데일더르가 웅얼거리며 불평하는 모습을 마지막으로 방송은 끝났다. 가장 주목할 점은 다음 날 이 사건이 모든 신문, 주간지, TV 방송을 장악했다는 것이다. 오늘날에는 누군가가 TV 토크쇼에서 예의와 관례를 지키지 않는 것이 대단한 기삿거리가 되는 모양이다.

우리 사회에는 대세를 따르는 순응주의Conformism, 즉 아무런 의심 없이 관습대로 생각하고 행동하는 획일주의가 만연하다. 특히 자신의 행동이 가시적이라는 사실을 깨달은 사람은 더욱 순응적

인 태도를 보인다. 영국의 법학자이자 철학자, 그리고 사회개혁가
인 제러미 벤담Jeremy Bentham은 '팬옵티콘Panopticon'으로 유명해졌다.
팬옵티콘이란 그리스어로 모든 것을 본다는 뜻인데, 벤담은 이것
을 감옥이나 학교, 병원과 같은 건축양식에 빗대어 설명했다. 이
런 건물은 소수의 감시자가 모든 사람을 비교적 간단하게 감시
할 수 있는 구조로 되어 있다. 건물의 중심부에는 건물의 모든 방
을 한눈에 둘러볼 수 있는 전망대가 있다. 물론 방 안에서는 전망
대에 감시자가 있는지 없는지가 보이지 않는다. 감시당하는 사람
들은 보이지 않는 감시자의 존재를 알고 있으며, 감시자가 실제로
있든 없든 그의 뜻대로 행동할 수밖에 없다.

벤담은 자신의 동생인 새뮤얼 벤담을 보고 이 아이디어를 떠
올렸다. 새뮤얼은 엔지니어였는데, 그는 공장의 한가운데에 감시
탑을 세우고 그 위에 앉아 모든 노동자들을 감독했다. 팬옵티콘의
원리는 사람들이 스스로 감시당한다고 생각하게 만들어 감시자의
기대에 순응하도록 하는 것이다. 네덜란드에는 이와 비슷한 의미
의 속담이 있다. "남의 눈이 내 행동을 만든다."

꽤 오랜 시간 동안 많은 사람에게 이런 감시자의 역할을 수행
한 존재가 바로 신이었다. 나 또한 신이 내 일거수일투족을 모두
볼 수 있다고 생각하며 자랐다. 심지어 내 행동뿐 아니라 생각까지
도 신에게 보인다고 생각했다. 그래서 나는 가능한 한 신이 나에
게 바랄 것 같은 행동을 하려고 노력했다. 예를 들어 평소 길을 건

다가 경찰차가 옆을 지나가면 자신도 모르게 자세를 바르게 하는 것과 비슷하다. 경찰차가 보이면 사람들은 왠지 '내가 뭘 잘못하진 않았겠지?'라고 생각하며 조심스러워진다. 마찬가지로 신이 나를 보고 있다고 생각하면 매 순간 행동을 조심하게 되는 것이다.

신이라는 존재는 사람들을 엄하게 다스리는 데 매우 유용하다. 그렇다면 모든 것을 굽어보는 신이 언제 어디에나 존재한다는 믿음이 점점 희미해지는 사회에서는 어떨까? 사람들이 더 자유롭고 자신의 의지에 따라 행동하리라고 기대할 수 있지 않을까? 그러나 신이 우리의 일상에서 채 사라지기도 전에 우리는 그를 대체할 존재를 만들어냈다. 우리는 수십 년 동안 양심적으로 자신만의 팬옵티콘을 만들었다. 10대 청소년 시절에는 학교에 꼬박꼬박 등교했다. 결석하는 순간 부모님에게 소식이 전해지기 때문이다. 이 문장을 쓰는 순간에도 내 노트북 카메라가 내 얼굴을 향하고 있다. 내가 지금 이 카메라를 통해 감시받지 않는다고 장담할 수 있을까?

점점 더 많은 공공장소에 카메라가 설치되고 있다. 우리가 감시당하지 않는 곳은 도대체 어디인가 하는 의문이 커져만 간다. 우리의 모든 것이 투명하게 공개된다. 심지어는 인간이 지은 건축물도 투명하다. 수많은 빌딩의 외벽이 투명한 유리로 되어 있고 그 안에 있는 사무실의 벽이나 문도 훤히 비치는 유리로 만들어졌다. 마치 건물 전체가 '열린 업무 공간'인 것처럼 말이다.

　온라인상에서도 우리의 행동이 모두 기록되어 데이터뱅크에 저장된다. 이런 정보는 언제든 우리에게 불리하게 작용할 수 있다. 게다가 요즘에는 스마트워치를 착용하는 사람도 점점 늘어나는 추세다. 스마트워치는 우리가 하루에 몇 걸음을 걷고 몇 칼로리를 소모하는지, 심장박동은 어떤지를 모조리 기록하는 손목시계다. 많은 사람이 의식하지 못하는 듯 보이지만, 사실 이 스마트워치는 우리의 생활을 기록하는 도구를 넘어 마치 팬옵티콘처럼 우리의 행동양식까지 결정한다. 예를 들어 사람들은 스마트워치에 기록된 내용을 보고 엘리베이터 대신 계단을 선택하거나 운동을 더 열심히 하거나 먹던 감자칩을 내려놓는다. 좋은 결정인데 뭐가 문제냐고 묻는 독자들이 있을지도 모르겠다.

　물론 앞선 예시는 모두 긍정적인 내용이다. 하지만 생각해보자. 금요일 저녁 술집에 가서 시간을 보내고 있다. 그런데 혹시 상사나 의료보험 및 생명보험 관계자에게 건강하지 않은 삶을 살고 있는 내 모습을 들킬까 봐 치즈소스를 곁들인 나초칩을 주문하지 못한다면, 이것이 정말로 긍정적인 결정일까? 나는 그렇게 생각하지 않는다. 오로지 남의 시선이나 기록 때문에 저녁 시간 내내 술 대신 차나 탄산음료를 마시는 건 절대 좋은 결정이 아니다. 우리를 제어하는 이 모든 새로운 메커니즘이 마치 보편적으로 '좋게' 보여야 하기 때문에 자신의 개성 표출을 포기하도록 강요하는 신흥 종교처럼 보이지는 않는가? 이렇게 관찰당하다 보면 우리는 결국 '이런 행동이 요구될 것'이라고 생각하는 행동을 하게 된다.

오늘날 우리가 처한 상황은 영국의 드라마 〈블랙 미러〉에나 등장할 법한 디스토피아 세계에 점점 가까워진다. 〈블랙 미러〉에는 20대 여성인 레이시가 주인공인 에피소드가 있다. 레이시는 사회적인 평점이 중요한 세상에서 어떻게든 평점을 끌어올리려고 가식적인 삶을 사는 인물이다. 레이시가 사는 세상의 사람들은 디지털 시스템과 연결된 렌즈를 끼고 있어서 다른 사람의 얼굴만 봐도 그의 이름은 물론 0점과 5점 사이에 있는 평점을 볼 수 있다. 그리고 사람들은 늘 서로를 평가한다.

이 평점에 따라 슈퍼마켓 계산대에서 어떤 줄에 서야 하는지, 어느 수준의 임대 주택에 들어갈 수 있는지, 일자리를 얻을 수 있는지 등이 결정된다. 레이시는 자신의 평점을 4.2점에서 4.5점으로 올리려고 갖은 노력을 다한다. 그래야 원하는 집을 빌릴 수 있기 때문이다. 그런데 이런 노력에도 불구하고 평점이 나빠진다. 예약했던 비행기가 취소됐다는 말을 듣고 공항 직원에게 욕설을 했다가 평점이 대폭 깎이고 만 것이다.

〈블랙 미러〉의 팬옵티콘은 포괄적이다. 레이시와 다른 사람들은 계속해서 관찰당하고 평가당한다. 그뿐만 아니라 평가의 결과인 평점에 따라 앞으로의 삶이 결정된다. 안정적이고 풍족한 삶을 살고 싶다면 사람들은 자신을 관찰하고 평가하는 사람들과 시스템에 순응해야만 한다.

이런 끔찍한 상황은 그저 가상의 이야기에 그치지 않는다. 중국 정부는 이미 몇 년 전부터 소셜 크레딧 시스템을 실험 중이다. 이 시스템에서는 시민들이 빅데이터에 의해 점수를 얻는다. 그리고 이 점수에 따라 그들이 대출을 신청할 수 있는지, 해외로 출국해도 되는지, 자녀를 어느 학교에 보내야 하는지 등이 결정된다.

우리 사회의 팬옵티콘은 아직 〈블랙 미러〉의 그것보다는 덜 포괄적이지만, 우리는 점점 더 많은 장소에서 관찰되고 평가받는다. 예를 들어 에어비앤비나 우버에서는 임대인과 임차인, 운전자와 승객이 5점 만점을 기준으로 서로를 평가한다. 머잖아 레스토랑, 술집, 옷가게 등이 고객인 우리를 평가하게 된다면 어떨까? 레스토랑에 갔는데 지난주에 다른 레스토랑 주인과 다툼이 있었다는 이유로 입장을 거부당한다면? 치즈소스를 곁들이 나초칩 한 접시를 먹었다고 건강보험료가 오른다면? 팬옵티콘이 계속 발전한다면 우리는 결국 평생 다른 사람들이 우리에게 기대하는 대로 행동해야 할지도 모른다. 그러면 진정성이나 다양성과 같은 개념을 끊임없이 주장하면서도 결국에는 대다수의 타인이 우리에게 요구하는 대로 행동하게 되고 만다.

팬옵티콘의 그물이 우리를 점점 옥죄고 있기 때문에 이제 우리는 스스로에게 두 가지 질문을 던져야 한다. 하나는 타인의 평가가 과연 정말로 가치 있는 것인가다. 그리고 다른 질문은 불순응적인 행동을 고려해야 하는가다. 프랑스의 사상가 미셸 드 몽테뉴가 첫 번째 질문에 대한 해답을 찾도록 도와줄 것이다.

몽테뉴는 『수상록Les Essais』에서 명예의 가치를 탐구했다. 그리스의 철학자 에피쿠로스와는 반대로 그는 명예의 의미를 의심하지 않았다. 에피쿠로스는 명예의 유혹적인 힘을 우려하며 제자들에게 "너희들의 삶을 숨겨라!"라고 가르쳤다. 에피쿠로스가 담벼락으로 둘러싸인 자신의 집 안의 고립된 정원에 학교를 세운 데는 나름의 이유가 있었다.

하지만 몽테뉴는 에피쿠로스의 견해를 따르지 않고 명예의 장점을 인정했다. 다른 사람들이 나를 인정하면 그들은 나를 더 호의적으로 대할 테고 그러면 내가 위험이나 부당함, 위력 등을 마주할 가능성이 줄어든다는 것이다. 몽테뉴는 또한 훌륭한 평판을 얻은 사람은 다른 사람들에게 더 나은 삶을 살도록 영향을 미칠 수 있다고 말한 플라톤의 의견을 덧붙였다. 즉 사람은 자신의 명성을 좋은 방향으로 활용할 수 있다는 게 몽테뉴의 생각이다.

몽테뉴는 명예를 목적이 아닌 수단으로 봤다. 명예란 그 자체로는 아무런 가치도 없는 것이다.

> 명예와 그림자의 유사점을 처음 눈치챈 사람은 스스로가 생각한
> 것보다 더 옳았다. 두 가지 모두 실로 공허한 것이다.
>
> —『수상록』

유명세에는 절대 무시할 수 없는 위험이 뒤따르게 마련이다. 예를 들어 유명인은 다른 사람들의 의견에 매우 민감해진다. 그래서 시간이 지날수록 진정한 자신을 잃어버릴 위험이 커진다. 몽테뉴는 대중들에게 칭송받는 사람들을 불신하라는 키케로의 말을 인용하며 다음과 같이 주장했다.

> 우리의 영혼은 외적으로 보이는 것이 아니라 내면, 즉 우리 자신
> 의 눈 외에 타인의 눈은 닿지 않는 곳을 향하기 위해 그 역할을
> 다해야 한다.
>
> —『수상록』

인스타그램 계정을 만들고자 할 때 유용한 조언이다. 몽테뉴는 명예를 부정적으로 해석하는 글을 쓰는 사람들이 책의 표지에 두꺼운 글씨로 자신의 이름을 표기하는 자가당착에 빠진다고 말하며 이를 증명했다.

한편 의례나 규율 등에 복종하기를 거부하고 획일성을 지양

하는 행동양식인 불순응주의Nonconformism로 세계적으로 유명해진 사람이 있다. 바로 그리스의 철학자 시노페의 디오게네스Diogenes of Sinope다. 디오게네스가 직접 서술한 문헌은 남아 있지 않지만, 그의 일화가 엮인 책은 남아 있다. 이 책에 따르면 우리는 타인의 기대를 거슬러야 한다. 어느 날 디오게네스는 극장에서 쏟아져 나오는 인파를 거슬러 극장으로 들어갔다. 누군가가 그에게 왜 그렇게 하느냐고 묻자, 그는 이렇게 대답했다. "나는 일평생 이렇게 해왔소."

디오게네스는 생활방식만 보아도 비범한 인물이었다. 그는 통 안에 들어가 잠을 잤고 겉옷을 이불처럼 덮었으며 다른 사람들이 다 보는 장소에서 자위를 했다. 말하자면 뼛속까지 불순응주의자였다. 그는 명예와 지위를 대놓고 비웃었다. 명예와 지위란 사람들이 추악한 본성을 숨기고자 밖으로 드러낸 것이라고 생각했기 때문이다. 디오게네스는 남들의 비위를 맞춰주며 명예를 얻는 대신 제멋대로 행동해 수많은 아테네인들의 분노를 샀다. 이런 일화도 있었다. 그는 어떤 파티광이 팔려고 내놓은 집을 보고 조롱하듯이 그 집을 향해 이렇게 말했다. "너처럼 주인이 술에 절어 난리통 속에 있어야 한다면, 너는 주인을 토해낼 거야. 안 그런가?"

또 다른 일화를 보면 디오게네스가 얼마나 남들의 생각을 신경 쓰지 않았는지 알 수 있다. 그는 어느 날 거리의 악사를 보고 "좋은 아침이네, 수탉이여."라고 인사했다. 악사가 무슨 뜻이냐고 묻자 디오게네스는 "그대가 노래로 모든 사람을 깨워서 불러 모으지 않는가."라고 말했다.

　이런 솔직함과 세간의 이목을 끄는 기이한 행동 때문에 아테네 사람들은 디오게네스를 대놓고 비웃었다. 그러나 아테네인들이 그를 웃음거리로 만들려고 할 때마다 디오게네스는 오히려 시민들의 보편적인 견해와 당당하게 맞섰다. 고향인 시노페에서 추방당해 조롱거리가 됐을 때도 디오게네스는 "내가 저들을 그곳에 머무는 형벌에 처한 것이다."라고 말했다. 사람들이 그에게 "많은 이들이 당신을 경멸한다."라고 귀띔했을 때도 디오게네스는 마치 지나가는 당나귀가 우는 소리를 들은 것처럼 반응했다.

　어느 날 디오게네스가 돈이 조금 필요해 채소를 씻고 있었는데, 곁을 지나가다 이 모습을 본 플라톤이 그를 비웃으며 말했다. "자네가 디오니시오스왕(플라톤을 금전적으로 지원하던 왕이다)에게 봉사했다면 손수 채소를 씻을 필요는 없었을 텐데." 그러자 디오게네스는 이렇게 응수했다. "자네가 손수 채소를 씻는 방법만 알았다면 디오니시오스왕에게 알랑방귀나 뀌며 살 필요는 없었을 텐데."

　이 일화를 통해 우리는 디오게네스적인 관점의 본질에 가까워질 수 있다. 자신의 명예에 높은 가치를 부여하는 사람은 인간이 가질 수 있는 최고의 재산을 점점 잃어버린다. 최고의 재산은 바로 자유다. 디오게네스의 독특한 행동은 그가 타인의 기대에 따라 살지 않고 자신의 자유를 지키고자 의식적으로 선택한 것이다.

누군가가 그에게 지상에서 가장 아름다운 것이 무엇이냐고 묻자 그는 이렇게 대답했다. "파레시아, 표현의 자유라네."

몽테뉴는 타인에게 존경받는 사람은 스스로의 행실을 돌아보고 그릇된 일이나 위력적인 일을 하지 않으려고 하며 높아진 명성 덕분에 다른 사람들에게 더 나은 삶을 살도록 영향을 미칠 수 있다고 생각했다. 그러나 한편으로는 명예만을 좇는 열망을 무가치한 것으로 봤다. 게다가 디오게네스가 말했듯이 사람은 명예나 지위 때문에 자유를 포기해야 한다. 지금도 우리는 모든 사람에게 보여지는 세상에 살고 있으며 계속해서 남들의 기대에 따라 행동한다. 이런 때일수록 반항적으로 행동해야 한다는 디오게네스의 조언이 필요하다.

역사적·보편적으로 받아들여지던 형식이나 체계의 그릇됨을 타파하고자 들고일어난 사람들은 대개 불순응주의자들이었다. 미국의 시민운동가 로자 파크스Rosa Parks는 1955년에 백인 승객에게 자리를 내어주라는 버스 운전사의 지시를 거부했다. 당시 흑인들은 버스의 뒷좌석에만 앉아야 했는데, 그마저도 앞 좌석에 승객이 가득 차 있을 경우 백인 승객에게 양보해야 했다. 파크스는 벌금형을 받고 체포됐으며 일자리를 잃었고 심지어 생명의 위협까지 받았다. 하지만 그녀는 상황에 순응하기를 거부했다. 파크스의 행동은 점점 널리 알려졌고 결국 미국 연방대법원은 인종 분리 정책이 위헌이라는 판결을 했다.

1989년, 중국의 대학생 한 명이 톈안먼 광장에서 민중들의 시위를 무력으로 진압하려던 탱크 앞에 버티고 섰다. '탱크맨'이라고 불리는 이 불순응주의자의 운명이 어떻게 됐는지는 알려지지 않았지만 그가 버티고 선 모습이 찍힌 사진은 톈안먼사건의 상징이 됐다. 1998년《타임》은 이 학생을 20세기 가장 의미 있는 인물 100명 중 한 명으로 선정했다.

잘 알려진 그리고 알려지지 않은 여러 불순응주의자들이 오랜 시간 동안 대중에게 인정받기 위해 자유를 포기하지 말라고 우리에게 경고해왔다. 모든 것이 오픈되고 있으며 팬옵티콘이 점점 영역을 넓혀가는 오늘날에 그들의 경고는 매우 중요하다. 자유, 진정성, 다양성의 실현을 위해 진심으로 투쟁하려면 남들과는 다르게 행동하는 법을 연습해야 한다. 디오게네스의 불순응성을 정신적인 트레이너로 삼으면 다른 사람들에게서 독립적인 존재가 될 수 있다.

그렇다고 디오게네스처럼 놀랍고 충격적인 행동을 할 필요는 없다. 직장 동료들에게 금요일 저녁 술자리에 가고 싶지 않다고 솔직하게 말하는 것도 좋은 시도다. 혹은 페이스북 친구의 아기 사진을 본 후 별 감흥이 없었다는 감상을 남길 수도 있다. 사람들이 붐비는 슈퍼마켓 바닥에 15초 정도 자리를 깔고 앉아 있어도 좋다. 이것은 그저 대다수의 사람이 꺼리는 말이나 행동을 우리가 사실 별다른 장애물 없이 해낼 수 있다는 점을 깨닫기 위한 연습일 뿐이다. 아마도 그 순간에 당신은 자유를 느낄 것이다. 만약 어떤 행동을 하기가 어렵다면, 아마도 그것은 향후 200년 동안 그 누구도 생각해내지 못할 만큼 자유로운 행동이기 때문일 것이다.

물론 우리는 평판을 어느 정도 신경 쓸 수밖에 없다. 하지만 그동안 무의식적으로 남들이 인정하거나 받아들일 만한 방향으로만 행동하느라 스스로를 잃어버리고 있었던 것은 아닐까? 어느 순간 그 사실을 깨닫고 나면 얼마나 슬프겠는가. 이것을 우리에게 깨우쳐준 쥘 데일더르나 디오게네스 같은 사람들이 계속해서 등장하기를 바란다.

12

역지사지와
유연한 관점이
필요한 이유

윤리에 관하여 ~~~~~~~~~~~~~~~~~

"모든 사람은 스스로에게 이렇게 물어야 한다.
'바로 내가 모든 인류가 본받아 따르도록
행동할 권리가 있는 자가 아닌가?'라고 말이다."

― 장 폴 사르트르

어떤 초등학교 운동장에 가든 "난 메시야!", "난 선생님이야!", "난 여왕이야!", "난 저스틴 비버야!"라고 외치는 아이들의 목소리를 들을 수 있다. 다른 사람이 된 듯 상상하는 어린이들의 놀이는 너무나 멋지다. 아이들의 상상 속 세상은 과연 어떤 모습일까? 또 상상하는 아이들은 어떻게 행동할까? 우리는 어렸을 때부터 관점을 바꾸며 노는 법을 배웠다.

생물학자인 프란스 드 발Frans De Waal은 여러 실험을 거쳐 남의 입장이 되어 생각하는 행동이 소수의 동물 종과 인간만이 갖는 능력이라는 점을 증명했다. 인간 외에 이러한 능력을 갖춘 동물은 코끼리, 돌고래, 원숭이 등이다. 이 동물들이 인간처럼 스스로를 재인식할 수 있는 것은 우연이 아니다. 그에 따르면 스스로를 재인식하고, 관점을 바꾸고, 감정이입 하고, 공감하고, 도움의 손길을 내미는 능력은 모두 연결되어 있다. 이를 명확하게 밝히고자 그는 아기들을 데리고 실험한 결과를 발표했다. 화장품으로 아기들의 얼굴에 점을 그린 다음 거울을 보여주자 아기들은 거울에 비친 얼굴을 자신의 모습으로 인식하지 못했다. 그런데 그 아기들이 자라서 18~24개월 정도가 되자 거울에 비친 자신의 얼굴을 인식하기 시작했다. 거울 속 얼굴을 자기 자신이라고 인식한 아기들은 얼굴에 그린 점을 지우려고 했다.

드 발은 또 이 아기들을 어른과 함께 앉혀놓고 요거트가 든 컵과 숟가락을 모두에게 주었다. 잠시 후 어른이 일부러 숟가락을 두 동강 냈다. 아직 거울에 비친 자신의 얼굴을 인식하지 못하는 어린 아기들은 어른의 행동에 신경 쓰지 않고 자신의 요거트를 맛있게 먹었다. 그런데 거울에 비친 자신을 인식하기 시작한 아기들은 어른에게 자신의 숟가락을 내밀거나 어른이 다른 방식으로 요거트를 먹을 수 있도록 도우려 했다. 이 실험 결과를 토대로 드 발은 타인의 입장이 되어 생각하거나 타인에게 감정이입을 하려면 자기 인식이 반드시 필요하다는 결론을 내렸다.

따라서 감정이입 능력이 없으면 우리는 타인을 돕지 않을 것이다. 다른 사람이 무엇을 필요로 하는지 그의 입장이 되어 생각하지 못하기 때문이다. 말하자면 다른 사람이 된 것처럼 상상하는 초등학생들은 자신도 모르는 사이에 도덕적인 능력까지 계발하고 있는 셈이다.

드 발은 각각의 우리에 갇혀 있는 원숭이 두 마리를 데리고 또 다른 실험을 진행했다. 먼저 원숭이들에게 돌멩이를 나누어주고, 원숭이가 철창 밖의 실험자에게 돌멩이를 주면 그 보답으로 오이 한 조각씩을 주었다. 그러다가 한 원숭이에게는 계속 오이를 주고, 다른 원숭이에게는 포도를 주었다. 그러자 오이를 받은 원숭이는 당황했고 다시 돌멩이를 내밀었다. 실험자가 이번에도 오이를 내밀자 원숭이는 그 오이를 실험자에게 던져버렸다.

이 실험을 바탕으로 드 발은 원숭이들도 감정이입을 할 수 있으며 그 결과 도덕적인 비교를 할 수 있다고 결론지었다. 즉 원숭이가 "옆에 있는 놈이랑 똑같이 행동했는데, 나만 오이를 받았어. 이건 불공평해!"라고 생각할 수 있다는 뜻이다. 이렇게 지능이 높은 동물들과 인간은 다른 개체의 입장에서 생각할 수 있고 도덕적인 판단도 할 수 있다.

관점을 바꾸는 능력과 도덕적 판단을 하는 능력에 생물학적 관련성이 있다니 흥미롭다. 게다가 인간은 이런 능력으로 놀이를 한다. 역사학자이자 문화철학자인 요한 하위징아Johan Huizinga가 말했듯이 인간은 호모 루덴스, 즉 놀이하는 존재다. 남의 입장이 되어보는 놀이는 일종의 도덕적 트레이닝이다. 그 말은 윤리가 놀이, 공상, 타인에 대한 감정이입으로 구성되어야 한다는 뜻이다.

그렇다면 왜 철학자들은 철학 윤리에서 이런 놀기 좋아하는 특성을 다루지 않았을까? 철학적 윤리라 하면 대개 팽팽한 논쟁,

법칙, 규율, 금지명령 등이 가장 먼저 떠오른다. 어딘가에서 윤리 회의가 열린다는 소식을 들으면 사람들은 상상력이 풍부하고 놀기 좋아하는 학자들이 참석하리라고는 기대하지 않는다. 이는 이마누엘 칸트의 일화에서도 알 수 있다. 칸트가 살던 마을의 여인들은 칸트가 매일 같은 시간에 산책하는 모습을 보고 자신들의 시계를 맞췄다고 한다. 윤리에 적합한 것은 이런 시간 엄수, 정직과 성실, 격식 등이다.

그런데 칸트의 고루함으로 대표되는 윤리의 핵심이 놀랍게도 아주 특별한 놀이로서 정체를 드러냈다. 그는 다른 모든 이들이 마법에라도 걸린 듯 나 자신과 똑같이 행동할 것이라 상상하면 어떻게 행동해야 할지 알 수 있다고 말했다. 마치 영화 〈해리포터〉 시리즈에나 나올 법한 장면 같다. 어떤 딜레마에 빠졌을 때, 사람은 자신의 선택이 향후 다른 모든 이들의 결정이 되리라는 점을 고려해야 한다는 것이다. 칸트는 머릿속으로 이런 사고실험을 해야 늘 도덕적으로 올바르게 행동할 수 있다고 생각했다. 그는 이를 '정언명령'으로 정리했다. "네 의지에 따른 행동의 원칙이 언제나 보편적인 자연법칙이 되어야 하는듯이 행동하라."

칸트는 재정난에 시달리는 사람의 딜레마를 예로 들었다. 한 사람이 친구에게 다시금 돈을 빌려달라고 부탁할까 생각 중이다. 이전과 마찬가지로 그 돈을 갚지 못하리라는 사실을 알면서도 말이다. 여기서 문제는 그가 돈을 갚겠다는 약속을 지키지 못하리라는 것을 스스로 알고 있음에도 친구에게 돈을 빌려달라고 부탁해야 하느냐는 것이다.

칸트는 사람들이 개인적인 삶의 규칙, 즉 원칙을 세우고 그것을 기반으로 결정을 내려야 한다고 말했다. 이 사람이 '만약 필요하다면 나는 지키지 못할 약속도 해야 해'라는 원칙을 세우고 친구에게 갚지 못할 돈을 빌린다고 가정해보자. 그러면 바로 그 순간부터 다른 모든 사람도 자신과 마찬가지로 지키지 못할 약속을 하리라는 사실을 염두에 둬야 한다는 말이다. 이는 자신의 원칙이 보편적인 자연법칙이 되리라고 생각해야 한다는 뜻이다.

그러면 상상도 못한 일들이 벌어질 것이다. 만약 약속을 지키지 않는 게 일반적인 세상이 된다면 약속이라는 개념은 그 의미를 잃고 만다. 약속이란 사람들이 그것이 깨지지 않도록 행동할 때만 작동한다. 그러니 재정난에 시달리는 사람은 친구에게 갚지 못할 돈을 빌려달라고 부탁하기 전에 모든 사람이 자신처럼 생각하고 행동하는 세상을 상상해야 한다. 그러면 그는 지키지 못할 약속을 하는 것이 도덕적으로 잘못된 결정이라는 점을 깨달을 것이다.

개인적인 삶의 원칙이 보편적인 자연법칙이 된다고 상상하다 보면 대개 절대 실제가 될 수 없는 세상이 펼쳐진다. 때로는 절대 살고 싶지 않은 세상이 그려지기도 한다. 칸트는 도움이 필요한 사람을 본 부자를 예로 들었다. 이 부자는 남을 돕지 않겠다고 결심할 수 있다. 만일 그렇다면 그는 결심을 하기 전에 자신에게 물어야 한다. 그 누구도 궁지에 처한 사람을 돕지 않는 세상에서 살고 싶은지를 말이다. 칸트는 이런 사고실험을 거쳐 이 부자는 남을 돕는 것이 더 나은 결정이라는 통찰력을 얻으리라고 생각했다.

> 이를 결정하는 의지는 모순적일 수 있다. 이는 사람이 타인의 사랑이나 관심을 필요로 하는 여러 상황에서 가지각색의 일들이 발생할 수 있기 때문이며 자신의 의지에 따라 생겨난 자연법칙 때문에 스스로 바라던 모든 도움의 희망을 빼앗길 수 있기 때문이다.
>
> ─ 『윤리와 종교철학에 관한 글Schriften zur Ethik und Religionsphilosophie』

우리는 칸트가 제시한 이런 예시를 수많은 도덕적 딜레마로 확장할 수 있다. 예를 들어 '세무서에 모든 수입을 솔직하게 보고해야 하는가'부터 '외도를 했을 때 거짓말을 해야 하는가'까지, 칸트는 우리에게 상상력을 활용하라고 구체적으로 촉구한다. 초등학교 선생님이라면 어떤 학생이 같은 반 친구를 때렸을 때 이렇게 물어볼 수 있다. "다른 아이들이 모두 너처럼 행동한다면 어떨 것 같니?"

자신의 윤리관 안에서 상상력을 발휘한 철학자는 칸트뿐만이 아니다. 미국의 철학자 존 롤스John Rawls는 『정의론A Theory of Justice』에서 사회를 위한 공평한 원칙을 찾는 방법을 탐구했다. 그는 이 방법에 따라 우리의 능력을 관점의 변화로까지 발전시키려면 상상력을 발휘해야 한다고 제안했다. 롤스는 우리가 원초적 입장Original position에서 도덕적인 원칙을 확보해야 한다고 말했다. 그는 또한 '무지의 장막'이라는 개념을 주장했는데, 무지의 장막 뒤에서 우리는 모두 동일한 사회적 위치에 놓인다. 즉 남자인지 여자인지, 아시아인인지 유럽인인지, 흑인인지 백인인지, 장애가 있는지 없는지, 부유한지 가난한지 등을 모르는 상태가 되는 것이다.

> 이 입장의 본질적인 특성은 누구도 자신의 사회적 상태, 지위, 사정은 물론이고 천부적 능력의 분배, 그러니까 지능이나 신체의 상태 따위를 모른다는 점이다. 정의의 원칙은 무지의 장막 뒤편에서 결정될 것이다.
>
> —『정의론』

무지의 장막은 칸트가 말한 정언명령보다 더 마법이 가득한 놀이처럼 들린다. 마치 어린 시절 이불을 뒤집어쓰고 누가 어디에 있는지 모르는 상태로 잡기 놀이를 하던 것과 같다. 롤스는 이런 상태를 현실적으로 상상하는 데 성공한다면 가장 정의로운 원칙을 찾을 수 있으리라고 봤다. 어느 누구도 타인을 대할 때 자신의 사회적 입장을 이롭게 하려고 속임수를 쓰지 않을 테니 말이다. 이런 사고실험은 우리가 사회에서 만나는 모든 사람을 도덕적으로 공평하게 대하는 데 도움이 된다. 더 나아가 무지의 장막을 상상하면 우리는 자신을 한 발 떨어진 곳에서 관찰할 수 있다. 롤스는 이렇게 정리했다.

> 우리는 우리의 목표를 먼 곳에서 바라보는 것처럼 상상해야 한다. 그래야 원초적 입장을 직관적으로 생각할 수 있다.
>
> —『정의론』

무지의 장막 뒤에 자리한 원칙이 매우 굳건하다는 데 모두가 동의한다면 우리는 그것을 기반으로 정치적인 결정을 내리거나 법률을 구성할 수 있다. 롤스에 따르면 모든 사람은 두 가지 원칙에 동의할 것이다. 하나는 평등이고 다른 하나는 불평등이다.

첫 번째 원칙은 기본권이나 기본책임을 분배할 때 공평해야 한다는 의미다. 두 번째 원칙은 불평등을 규제하고 제어해야 한다는 의미다. 한편 사회적·경제적 차이는 그것이 모두에게 이익이 될 때만, 특히 사회에서 가장 혜택받은 사람들에게 가장 적은 이익이 될 때만 정당화된다. 소수의 사람들이 남들보다 더 많은 권력과 권한을 갖는 것은 총체적인 사회의 안녕을 지키기 위해서다. 국가가 권력을 독점함으로써 사회의 질서가 유지되는 모습을 생각해보라.

그런데 이런 차이는 앞서 언급한 원칙에 따르면 그것이 모든 이에게 똑같이 유리할 때만 공평하다. 전체 사회의 이익을 위해서는 몇몇 사람들이 남들보다 더 부유할 필요가 있다. 이 몇몇 사람들은 기업을 설립해 사람들이 필요로 하는 물건을 생산하고 서비스를 제공하고 많은 사람에게 일자리를 줄 수 있다. 롤스는 공정한 사회에 존재하는 이런 차이는 이익을 보는 수혜자들이 극소수일 경우에만 점점 더 커져도 된다고 말했다.

사람들은 혹시 자신이 그 극소수의 수혜자에 속할지도 모른다고 생각하기 때문에 무지의 장막 뒤편에서 이 원칙에 동의한다. 만약 자신이 무직자가 되거나 신체적 혹은 정신적 장애인이 되거나 엄청난 빚더미에 올라앉을 가능성이 있다면 평등과 불평등이라는 두 가지 원칙에 모두 동의하는 편이 이성적이라고 롤스는 주장했다.

칸트와 롤스의 의견은 도덕적인 견해를 구축하는 데 놀이, 공상, 상상력 등이 도움이 된다는 점을 보여준다. 사실 두 사람이 내세운 근거는 똑같다. 그것은 놀랍게도 사람은 타인의 입장이 되어 생각할 수 있다는 마치 마법과도 같은 능력이다. 다만 칸트는 다른 모든 사람이 내 행동양식과 똑같이 행동하리라고 생각하는 것이 중요하다고 말했다. 반면 롤스는 자신이 누구이며 어떤 조건에서 살고 있는지를 모르는 채로 상상하는 것이 중요하다고 말했다.

이런 도덕적인 마법 놀이를 평소에 되풀이한다면 자신의 삶은 물론이고 주변 인물들의 삶 또한 윤택해질 것이다. 당신은 자신이 어떤 삶을 살아야 할지 모르는 상태에서 정책 등에 관한 결정을 내려야 한다. 그러므로 어떤 결정을 내릴 때 여러 다른 사람들의 입장이 되어 다양한 상황을 생각해본다고 해서 나쁠 것은 없다. 예를 들어 평균 이상의 소득이 있는 비장애인의 입장이 되어보거나 무보수로 일하는 신체장애인의 입장이 되어볼 수 있다. 다른 사람들의 입장이 되어본 후에도 당신은 이전과 같은 주장을 고수할 수 있겠는가? 만약 그렇지 않다면 이 사고실험이 투표의 사회적 가치에 대해 나타내는 것은 무엇일까?

이런 연습은 인종, 성별, 종교, 사회경제적 계급 등으로 나뉜 각 집단의 권리를 주장하는 데 주력하는 '정체성 정치'의 시대에 더욱 중요하다. 이런 시대에는 정치인들이 자신과 동일시하는 집단의 이익에 따라 입장을 결정하는 경향이 점점 더 강해진다. 미국의 정치철학자이자 인문학 교수인 마크 릴라Mark Lilla는 힐러리 클린턴이 정체성 정치로 방향을 돌린 탓에 트럼프가 선거에서 이길 수 있었다고 말했다. 2017년 10월 15일, 네덜란드의 일간지인 《트라우》와의 인터뷰에서 릴라는 클린턴의 문제가 무엇이었는지 언급했다.

대규모 회의 자리에서 힐러리 클린턴은 보란 듯이 여러 집단에 인사를 건넸습니다. 주로 여성들, 라틴계 미국인들, 흑인들, 동성애자들, 청소년들에게 말이죠. 그런데 이런 행동이 뼈아프게도 민주당이 다수 집단을 배제하고 특정한 집단의 이익을 위한 정당에 불과하다는 점을 무의식적으로 드러냈습니다. 클린턴은 왜 기독교인, 미국인, 남부에 사는 일자리를 잃은 공장 노동자들을 언급하지 않은 걸까요? 하나의 집단을 언급하고 다른 집단은 언급하지 않는다면 늘 배제됐다고 느끼는 사람들이 생기게 마련입니다. 그리고 정확히 그 일이 벌어졌죠.

최대한 많은 집단의 마음을 끌고자 했던 시도가 오히려 모든 사람을 위한 정당이 아니라는 인상을 남기고 만 셈이다. 릴라는 정치인들이 특정 집단을 강력하게 지지하기보다는 연대감이나 평등과 같은 근본가치를 추구해야 한다고 말했다. 정체성 정치는 자기연민, 나르시시즘, 피해의식에 물들어 있기 때문에 사람들을 통합하기보다는 양극화하는 효과를 낳는다.

정체성 정치의 시대에는 '무지의 장막' 뒤에 숨은 생각이 긍정적인 변화의 동력이 될 수 있다. 자신의 사회적인 위치만을 고려해 정치적 입장을 결정하기보다 공평함을 추구하며 자신의 입장은 잠시 잊어보는 것이다. 정치 분야에서뿐만 아니라 우리의 일상생활에서도 '내가 만약 다른 입장이었다면?'이라고 생각해보자.

그러면 터널 시야에서 빠져나가는 데 도움이 된다.

예를 들어 당신이 빠른 속도로 차를 몰다가 아이를 태운 유모
차를 밀고 횡단보도를 건너는 어머니를 발견했다고 상상해보라.
순간 당신은 급히 브레이크를 밟아 유모차 바로 앞에서 차를 멈
췄다. 이때 칸트의 말을 떠올릴 수 있다. 과연 나는 모두가 나처럼
횡단보도에 주의하지 않는 도시에서 살고 싶은가? 칸트라면 우선
이것이 내면의 모순적인 상황으로 이어진다고 말했으리라.
첫째, 누구도 횡단보도 앞에서 차를 멈추지 않는다면 길 위에
그려진 횡단보도는 그 의미를 잃는다. 둘째, 만약 우리가 횡단보
도 앞에서 차를 멈추지 않는 도시에서 살지, 아니면 모두가 횡단
보도 신호를 잘 지키는 도시에서 살지 결정해야 한다면 선택은 매
우 쉽다. 무엇보다도 내 아이, 내 조카, 내 조부모가 함께 살 도시
의 안전을 생각한다면 답은 더욱 분명하다.

"모든 사람은 스스로에게 이렇게 물어야 한다. '바로 내가 모
든 인류가 본받아 따르도록 행동할 권리가 있는 자가 아닌가?'라
고 말이다." 프랑스의 철학자 장 폴 사르트르가 남긴 말이다. 결
국 도덕은 상상력 놀이이자 입장 바꿔 생각하기이자 공상이자 타
인의 관점에서 생각하는 능력이다. 이웃, 동료, 배우자의 입장에서
생각해보자. 초등학교 운동장에서 다른 사람이 된 상상을 하며 노

는 어린이들처럼 다른 사람의 입장이 되어보는 놀이를 진지하게, 그리고 빈번하게 한다면 우리가 함께 사는 삶은 저절로 더 즐거워질 것이다.

Filosofie voor een weergaloos leven

3장

세상과
화해하기 위한 철학

13

일하는 사람을 위한
네 가지 가르침

일에 관하여 〜〜〜〜〜〜〜〜〜〜〜〜〜〜

"사람은 자신이 좋아하는 일에 있어 천재다."

— 프리드리히 폰 슐레겔

"우린 필요도 없는 쓰레기를 사려고 싫어하는 일을 직업으로 삼지."

영화 〈파이트 클럽〉에서 브래드 피트가 연기한 테일러 더든의 독백이다. 더든은 남자들이 직장생활을 하며 느끼는 환멸 때문에 차곡차곡 쌓인 분노를 서로에게 풀 수 있는 클럽을 만든다. 더든의 이 대사는 우리에게 언제 마지막으로 일하고 싶어 안달이 났었느냐는 질문을 던진다. 당신은 혹시 앞으로 10년, 20년, 30년 혹은 40년 후에도 지금처럼 일하고 싶다는 소망을 품고 있는가? 우리는 일과 관련해 높은 기대를 안고 있어서 그만큼 깊이 실망하기도 한다.

성경이 우리 삶의 형태를 규정하던 시대에는 사람들이 일에 기대하는 것이 지금과는 달랐다. 수백 년 동안 사람들은 살아남으려면 일해야 한다는 현실을 신이 내린 형벌이라고 여겼다. 아담과

이브가 금지된 과일을 먹은 후 신은 아담을 무겁게 응징했다.

> 땅은 너로 말미암아 저주를 받고 너는 네 평생에 수고하여야 그
> 소산을 먹으리라. 땅이 네게 가시덤불과 엉겅퀴를 낼 것이라 네
> 가 먹을 것은 밭의 채소인즉, 네가 흙으로 돌아갈 때까지 얼굴에
> 땀을 흘려야 먹을 것을 먹으리니.
>
> —「창세기」 3장 17~19절

이 저주 때문에 사람들은 일에 그리 많은 것을 기대하지 않았
다. 그러나 오늘날은 다르다. 일의 목적은 더 이상 돈을 벌기 위한
것이 전부가 아니다. 오늘날 우리에게 일은 도전이자 자아실현이
며 행복을 가져다주는 것이다. 일은 우리의 정체성을 구성하는 중
요한 부분이 됐다. 사람들은 타인에게 자신을 소개할 때 대개 이
름을 먼저 말하고, 그다음에는 나이를 말하거나 생활 상태를 묘사
하거나 직업이 무엇인지 말한다. 누구도 그것이 이상하다고 여기
지 않는다.

그런데 곰곰이 생각해보면 "당신은 어떤 사람인가요?"라는 질
문에 '내가 무슨 일을 하는지' 대답하는 것은 이상하다. 실제로 이
런 답변을 매우 이상하다고 여기는 문화권이 있다. 그 문화권의
사람들은 직업이 아니라 자신의 조상, 자신이 속한 가계도나 몸담
고 있는 종교를 이야기한다.

오늘날 자기를 소개할 때 직업을 언급한다는 사실은 일이 우리 정체성의 본질을 구성하는 요소가 됐다는 뜻이다. 이에 따라 직업적으로 성공을 거둬야 한다는 압박도 커졌다. 또 열심히 일하기만 하면 무엇이든 될 수 있고 원하는 것은 무엇이든 할 수 있다고 생각하는 사람도 늘었다.

일과 관련해 우려스러운 사실도 있다. 2016년 네덜란드 전역에서 실시된 노동환경 설문조사 결과 노동자 일곱 명 중 한 명 이상이 번아웃을 겪는 것으로 드러났다. 네덜란드 사회연구소의 연구에 따르면 1985년 이후로 네덜란드인들의 평균 주당 노동시간이 다섯 시간 이상 늘어났다. 그리고 하버드 비즈니스 스쿨의 연구에 따르면 일주일에 약 82시간을 고용주와 연락 가능한 상태로 지낸다. 우리는 더 오래 일하고 더 적극적으로 고용주와 연락을 주고받는다. 당연히 일에서 생기는 스트레스는 늘어난다. 다행인 것은 철학의 역사가 우리에게 능력주의 사회에서 일하며 기쁨과 만족을 얻도록 도움의 실마리를 제시한다는 점이다.

잘하는 일을 하라! 자명한 이치처럼 들리지만 사실 이 말은 대부분의 사람들이 잘하는 일을 직업으로 삼지 못한다는 것을 보여준다. 조직에 관한 이론 중 1969년 로런스 J. 피터Laurence J. Peter가 정리한 피터의 원리Peter Principle라는 것이 있다. "위계질서가 있는 조직 내에서는 모든 구성원이 자신의 무능함이 드러날 때까지 승진

하려는 경향이 있다." 보편적으로 우리는 조직 내에서 자신의 능력이 효과를 발휘하는 위치에서 일을 시작한다. 일이 잘 풀리면 승진해서 더 높은 위치로 간다. 때로는 리더의 위치까지 올라가기도 한다. 그 자리에서는 자신의 전문적인 지식이나 능력이 더 이상 도움이 되지 않는다. 그러나 조직의 경영진은 한번 승진시킨 사람을 다시 원래의 위치로 되돌리고자 하지 않는다. 만약 그렇게 할 경우 자신의 판단이 틀렸다는 인상을 줄 수 있기 때문이다. 승진한 당사자 또한 이를 원하지 않는다. 그것은 좌천이나 강등을 의미하기 때문이다.

사람들이 능력을 충분히 발휘하지 못한다는 사실은 비단 대규모 조직만의 문제가 아니다. 자영업자 역시 마찬가지다. 경제적인 상황만을 고려해 계약 성사 가능성이 있는 일만 우선시할 위험이 있다. 그럴 경우 자신의 능력을 벗어나거나 자신에게 맞지 않는 일도 해야 된다. 즉 잘하는 일을 맡아서 하기란 무진장 어렵다. 연구 결과에 따르면, 안타깝게도 수많은 잠재력이 실현되지 못한 채 묻혀버린다. 게다가 일하면서 즐거움을 느끼는 사람도 많지 않다. 존 롤스는 아리스토텔레스의 철학을 내세워 우리가 선천적으로 무엇에 가장 강력한 동기를 느끼는지 설명했다.

모든 것이 동일한 환경에서 사람들은 기꺼이 (타고난 혹은 습득한) 능력을 발휘하고자 한다. 자신에게 요구되는 능력이 더 발전된 혹은 더 복잡한 것일수록 충족감 또한 높아진다. 여기에 담긴 직관적인 생각은, 사람들이 더 잘할 수 있는 일을 더 선호한다는 것이다. 그리고 똑같은 정도로 연마한 능력 중에 더 많고 복잡하고 통찰력 있는 판단을 요구하는 것을 더 선호한다는 것이다.

—『정의론』

롤스는 체스와 체커의 차이점을 들며 이를 설명했다. 체스는 체커보다 더 복잡한 두뇌 활동이 필요한 게임이다. 그래서 두 게임을 모두 할 줄 아는 사람들은 체스를 더 선호한다. 롤스가 아리스토텔레스의 철학을 내세운 이유는 그의 사상이 디나미스Dynamis(능력)와 에네르게이아Energeia(활동)에 기반을 두고 있기 때문이다. 그리스어인 이 두 개념은 각각 '잠재한 힘'과 '활동하는 힘'으로 번역될 수 있다. 아리스토텔레스에 따르면 총체적인 현실성은 대상에 잠재한 힘을 활동하는 힘으로 바꾸는 것을 목표로 한다. 다시 말해 인간은 개인의 능력을 활발하게 사용하거나 현실화하는 데서 행복을 찾을 수 있다는 구체적 의미를 지닌다.

이 생각을 일상에 적용하면 우선 일할 때 즐거움을 느끼는 순간을 꼼꼼하게 살펴볼 수 있다. 이것은 교훈적인 순간이다. 그 순간 우리는 우리의 특별한 능력이 어디에서 나오는지 알 수 있다. 우리는 대개 복잡한 능력을 발휘해야 하는 활동을 재미있다고 여긴다. 독일의 철학자 프리드리히 폰 슐레겔Friedrich von Schlegel은 이것

을 한 문장으로 정리했다. "사람은 자신이 좋아하는 일에 있어 천
재다."

여기에 더해 아리스토텔레스의 철학에 따라 우리는 일할 때
어떤 잠재력을 더 강력하게 실현할 수 있을지 스스로에게 물어야
한다. 롤스는 어떻게 하면 우리가 이 잠재력을 알아낼 수 있을지
유용한 조언을 해준다. "우리는 자신의 천성에 잠재되어 있는 능
력을 발휘할 수 있는 사람처럼 되고자 한다." 이는 질투를 진지하
게 받아들이라는 의미다. 우리는 다른 사람과 같아지고자 하는 소
망을 일종의 신호로 이해해야 한다. 내 안에 어떤 잠재력이 숨어
있는지, 또 닮고 싶은 사람이 있다면 그 사람이 하는 일의 어떤 부
분에 특히 끌리는지 스스로에게 물어야 한다. 그리고 곤히 잠들어
있는 잠재력을 깨워 어떻게 하면 직업 생활에서 발현할 수 있을지
도 철저히 점검해야 한다.

당신의 일을 자기 것으로 만들어라! 플로린 파선Florien Vaessen이
ABN 암로은행에서 커뮤니케이션 매니저로 일하면서 경험한 번
아웃에 관해 쓴 책『소파에서Op de bank』에 언급한 내용이다. 파선을
번아웃으로 이끈 주요 원인 중 하나는 자신이 성과에 직접적인 영
향을 미치지 못했다는 사실이었다. 시작부터 끝까지 온전히 자기
책임으로 일을 진행하고 완수하는 사람은 극소수다. 이러한 사실
은 자율성과 자주성을 훼손하고 결국에는 불만과 스트레스로 표출

철학이 삶을 위로할 때

된다.

파선의 결론은 행동과학자 폴 돌런Paul Dolan이 어떤 직업을 가진 사람들이 가장 행복한지 연구한 결과와 결이 같다. 가장 행복한 사람들은 플로리스트와 정원사, 두 번째는 미용사와 피부관리사, 그다음은 배관공이었다. 눈에 띄는 것은 이들 모두 처음부터 끝까지 자기 책임 아래 일한다는 점이다. 게다가 자신이 일한 결과를 직접 눈으로 볼 수 있다.

많은 사람이 철학자 카를 마르크스를 공산주의의 창시자로 알고 있다. 그는 평생 노동자를 위해 산업혁명이 초래한 끔찍한 결과에 대항해 싸웠고 사회주의로의 전환을 지지했다. 하지만 그의 정치적 사상 이면에는 어떻게 하면 사람들이 그들의 일과 이상적인 관계를 맺을 수 있을지에 관한 견해가 숨어 있다. 마르크스는 그가 살던 시대에도 이미 사람들이 자신의 일을 편안하게 느끼지 않는다고 지적했다.

노동자는 일에서 벗어나야 비로소 자기 자신을 자신이라 느끼고, 노동 속에서는 자신에게서 벗어났다고 느낀다. 일하지 않을 때는 집에 있는 것처럼 편안하고, 일할 때는 편안하지 않다.

— 『경제학·철학 초고Ökonomisch-philosophische Manuskripte』

마르크스는 경제적 조건 때문에 이런 현상이 생긴다고 말했
다. 노동자가 제품에 부가하는 잉여가치는 공장주의 주머니로 사
라진다. 그는 분업 또한 부정적으로 봤다. 분업이란 사람들이 더
큰 과정에 속한 작은 부분에서 함께 일하는 것이다. 그런데 이런
현실에서는 사람들이 노동 과정을 자기 것으로 만들 수 없을 뿐
아니라 그렇게 만들어진 제품은 더더욱 자기 것이라 느낄 수 없다.

노동자에 대한 노동의 피상성은 결국 노동이 노동자의 것이 아
니라 타인의 것이라는 점, 노동이 노동자에게 속하지 않는다는
점, 노동자가 노동 속에서는 자기 자신이 아니라 타인에게 속한
다는 점에서 드러난다.

—『경제학·철학 초고』

그래서 마르크스는 중세 시대의 길드로 돌아가기를 갈망했다.
길드에 속한 수공업자들은 오롯이 자신의 일을 할 수 있었고 모든
수공업 과정을 스스로 판단하고 결정했다. 또 무관심한 현대와는
반대로 자신의 일과 '만족스럽고 맹목적인 관계'를 맺었다. 그들
은 노동 과정의 주인이었기 때문에 진심을 다해 일에 헌신했다.
　치즈 전문점에 들어가 주인에게 그가 판매하는 제품에 대해
물어보면 주인은 아마도 치즈가 어디서 어떻게 생산됐는지 정확
히 설명해줄 것이다. 이곳에서는 소유주가 제품과 연결되어 있기

때문에 소유주와 제품 사이, 소유주와 고객 사이, 심지어는 여러 고객들 사이가 연결된다. 반면에 슈퍼마켓에 들어가 직원에게 특정한 치즈 제품이 어디에서 온 것이냐고 물으면, 그는 아마도 "창고에서 가져왔다."고 답할 것이다. 직원은 그 이상의 답을 할 수 없다. 마르크스 철학이 던지는 질문은 바로, 당신이 치즈 전문점의 주인이나 슈퍼마켓 직원 중 누구에게서 자신의 모습을 찾아볼 수 있느냐다. 사람들은 자신이 만드는 제품이나 제공하는 서비스와 연결됐다고 느낄까? 사람들은 자신이 무슨 일을 하는지 그 일의 주인으로서 경험하고 있을까? 마르크스는 이렇게 말했다.

> 노동이 노동자의 본질에 속하지 않는다는 것이다. 그러므로 노동자는 노동 속에서 스스로를 긍정하지 않고 부정하며 행복이 아니라 불행을 느낀다. 자유로운 신체적 혹은 정신적 에너지를 계발하지 못하고 고행하여 몸을 약하게 만들고 정신을 파괴한다.
>
> ―『경제학·철학 초고』

스스로 가치 있다고 생각하는 일을 하라! 독일의 철학자 막스 셸러Max Scheler가 저서『윤리학에 있어서 형식주의와 실질적 가치윤리학Der Formalismus in der Ethik und die materiale Wertethik』에서 가치가 우리 삶에서 중심적인 역할을 차지한다고 주장하며 한 말이다. 셸러는 이마누엘 칸트의 윤리학을 배경으로 이 책을 썼는데, 그는 칸트의 윤리학을 매우 객관적이고 형식적인 도덕적 접근법이라고 봤다. 우리는 셸러가 제시한 도덕에 따라 인생을 살아가는 한 개인에게 어떤 보편적 가치가 가장 중요한지 발견할 수 있다. 그가 쓴 글은 로맨틱하게 느껴지기까지 한다.

> 이 내용(가치)은 '너를 위해'라고 속삭인다. 그리고 그렇게 함으로써 이 내용은 나에게 도덕적인 우주 속의 유일무이한 장소를 지시하고 부가적으로 행위, 행동, 일을 명령한다. 이것들은 모두 이렇게 외치는 듯하다. "나는 너를 위해 존재한다." 그리고 "너는 나를 위해 존재한다."
>
> — 『윤리학에 있어서 형식주의와 실질적 가치윤리학』

이 가치(내용)를 어떻게 발견할 수 있을까? 셸러는 두 가지 힌트를 남겼다. 첫 번째 힌트는 스스로 생각하기에 이 사회가 무엇을 요구하는지 자문하라는 것이다. 이것을 구체적으로 나타내고자 셸러는 괴테가 말한 '시대의 요구'라는 표현을 빌려왔다. 지금 이 순간 나는 어디로 이끌리는가? 독일어에 'Berufung', 즉 소명의식이라는 단어가 있는 데는 다 이유가 있다. 아무도 증명할 수는 없지만 아리스토텔레스가 한 말이라고 알려진 다소 과장된 명언이 있다. "세상의 필요와 그대의 재능이 교차하는 부분, 그곳에 그대의 소명의식이 있다."가 바로 그것이다.

셸러의 두 번째 힌트는 경제적인 것과 시간적인 것 중 어떤 것으로 대가를 치를 준비가 됐는지 자문하라는 것이다. 이 질문에 대한 답은 우리가 어디에 가치를 두고 있는지 알려준다. 일하면서 매 순간 본질적이고 중요하다고 여기는 것과 연결되는 데 성공한다면, 그것은 의미 있는 경험이 된다. 바텐더라면 아마도 손님을 환대하는 것이 의미 있는 경험일 것이다. 미용사라면 꼼꼼하고 세련된 손길, 예술가라면 창의성, 정치인이라면 정의, 과학자라면 지식, 군인이라면 애국심, 환경운동가라면 지속성, 경찰이라면 안전과 연결될 때 일의 의미를 찾게 될 것이다.

일도 놀면서 해야 한다는 걸 잊지 마라! 어느 두 변호사는 서류를 작성할 때 평소에는 거의 쓰지 않는 표현이나 단어를 굳이 사용해보자고 약속하고는 누가 더 독창적인 방식으로 약속을 지켰는지 확인하며 일의 재미를 찾았다. 한 국어교사는 학생들을 교실에서 나가지 못하도록 한 다음 모자에 담긴 쪽지를 뽑도록 했다. 쪽지에는 과제가 쓰여 있었다. 그 과제는 친구들 앞에서 가장 좋아하는 노래 부르기, 친구들에게 자신이 가장 좋아하는 일에 대해 설명하기, 가장 좋아하는 책 중 두 페이지 낭송하기 등이었다. 사업 파트너 두 명이 논의를 거쳐 절대 사용해서는 안 되는, 혹은 반드시 사용해야만 하는 단어 몇 개를 정했다. 예를 들면 이런 식이다. 대화 중에 '승리'나 '프로젝트'라는 단어는 사용하면 안 된다. 그리고 한 사람은 반드시 '프라이팬'이라는 단어를, 다른 한 사람은 '눈사람'이라는 단어를 맥락에 맞게 사용해야 한다.

암스테르담의 신문사에서 일하던 두 기자는 9개월 동안 한 가지 과제를 진행했다. 자신들이 쓰는 기사에 특정한 단어를 가능한 한 자주 사용하는 것이었다. 만약 이 기간 동안 네덜란드의 신문을 읽은 적이 있다면 '똥구멍'이니 '거대한 딜도'니 하는 단어를 마주했을 것이다.

이런 식으로 일하는 사람들은 저마다의 방식으로 일터에서 놀이를 찾는다. 요한 하위징아는 『호모 루덴스Homo Ludens』에서 이를 설명했다. 그는 놀이가 인간에게 얼마나 필수 불가결한 것인지 명확하게 짚었다. "놀이는 삶을 치장하고 보완하며 삶에 없어서는 안 되는 것이다." 하위징아에 따르면 사람은 어떤 것을 자신만의 방식대로 '재미있게 즐기는' 데 특화된 존재다. 우리는 살면서 가능한 한 능률적으로 목표에 도달하고자 노력하는데 그 반동으로 자발적인 장난이 가로막혀서는 안 된다. 놀이가 아름다운 이유는 바로 목적이 없다는 데 있다. 놀이는 불필요하다는 성질을 띠는데 바로 그 성질이 사람을 사람으로 만들기 때문에 꼭 필요하다.

하위징아에 따르면 놀이의 특징은 앞서 언급한 예시에서 확인할 수 있듯이 쉽게 눈에 띈다는 점이다. 놀이에는 반드시 어떤 의미가 필요하지는 않다. 사람들은 그저 자유롭게 놀기로 결정하면 된다. 어떤 측면에서 보면 놀이는 일반적인 삶에서 벗어나 있다. 놀이는 사람들 사이의 연결을 강화하고 사람들이 같은 비밀을 공유하도록 만든다. 놀이는 그 안에서 우리가 삶의 형태를 마련하고 타인과 연결될 수 있는 '틀'이라고 할 수 있다.

"잘하는 일을 하라!" "일을 자기 것으로 만들어라!" "스스로 가치 있다고 생각하는 일을 하라!" "일도 놀면서 해야 한다는 걸 잊지 마라!" 이 네 가지 철학적 가르침을 개인에게 던지는 질문 혹은 제안으로 바꿔볼 수 있다. 아리스토텔레스의 질문을 곱씹어본 뒤 어떻게 하면 내 일을 가장 뛰어난 내 능력과 연결하고, 어떻게 잠재력을 활짝 펼칠 수 있을지를 스스로에게 물어보라. 마르크스는 다음과 같은 질문을 던진다. "일하는 과정 그리고 그 결과와 더 강하게 연결되면서 일을 자신의 것으로 만들 수 있는 방법은 무엇인가?" 셸러는 이 사회가 누구를 필요로 하고 내 일이 그 가치를 더 공정하게 드러내는 방법이 무엇인지 스스로 생각해 말로 표현해보라고 제안한다. 마지막으로 하위징아는 일할 때 더 잘 놀 수 있는 방법을 찾으라고 이야기한다.

이런 철학적인 생각을 일하면서 규칙적으로 떠올려보자. 그러면 '필요하지도 않은 물건을 사기 위해 끔찍하게 싫어하는 일을 한다'던 테일러 더든의 주장이 맞다고 인정할 수밖에 없는 비극은 피할 수 있다.

14

인생의 아름다움을
언어로 표현할 것

숫자에 관하여 ～～～～～～～～～～～～～～～～～～～～～～～

"의미 있다고 모두 셀 수 있는 것은 아니며,
셀 수 있다고 모두 의미 있는 것은 아니다."

— 윌리엄 브루스 캐머런

몇 년 전에 여러 미국 초등학교 학생들이 기말고사 성적표와 함께 편지를 받았다. 이 편지는 곧장 인터넷에서 화제가 됐다. 네덜란드 아선의 한 초등학교 교장도 이 편지를 번역해 학생들에게 시토 시험 결과와 함께 보냈다. 시토 시험은 네덜란드의 초등학교 학생들이 초등교육 과정을 끝마치면서 치르는 시험이다. 교장이 편지를 보낸 데는 이유가 있다. 시험 점수가 그들이 누구인지, 그리고 그들의 가치가 어느 정도인지를 결정하지 않는다고 명확하게 알려주고 싶었다.

이 시험을 만들고 채점하는 사람들은 여러분을 전혀 모릅니다. 여러분이 악기를 다루는지, 춤을 출 수 있는지, 아름다운 그림을 그릴 수 있는지 알지 못합니다. 그 사람들은 친구들이 여러분을 얼마나 믿는지, 여러분의 행복한 미소가 우중충한 날을 얼마나 환하게 밝힐 수 있는지 모릅니다. 또한 여러분이 어떤 아름다운 곳들을 여행했는지, 이야기를 얼마나 재미있게 할 수 있는지도 모릅니다. 그 사람들은 여러분이 믿음직스럽고 사랑스럽고 상냥하고 배려심이 있고 친절하고 매일같이 최선을 다하려고 노력하는 학생이라는 점을 모릅니다. 시토 시험의 결과가 여러분에게, 그리고 우리에게 알려주는 사실이 있기는 하지만 모든 것을 알려주지는 않습니다.

편지는 개인의 개성을 도저히 숫자로는 표현할 수 없다고 명확히 가르쳐준다. 1부터 10까지의 수치를 기준으로 어떤 사람이 얼마나 친절하고 배려심이 있는지 혹은 그 사람의 미소가 얼마나 남을 기분 좋게 만드는지 평가하기는 어렵다. 하지만 이런 측정 불가능한 특성은 우리가 누군지를 설명하는 아주 의미 있는 부분이다.

"어른들은 숫자를 좋아한다." 생텍쥐페리의 소설 『어린왕자』의 비행기 조종사는 이미 알고 있었다. 위대한 철학자들도 현대를 사는 우리가 재고 계산할 수 있는 것들만을 극단적으로 강조하느라 본질을 잃어간다고 생각했다. 숫자에 대한 이런 강박은 어디에서 왔을까? 그리고 우리가 숫자에 집착하느라 잃은 것은 무엇일까?

우리가 숫자에 집착하는 건 어제오늘 일이 아니다. 독일의 철학자 마르틴 하이데거 또한 이 주제를 다루었다. 그는 숫자에 대한 집착은 우리가 도무지 파악할 수 없는 것에 대한 두려움에 기인했다고 봤다. 우리를 둘러싼 세상이 이해할 수 없고 예측할 수 없는 것이라면 우리는 불확실한 감정에 휩싸일 수밖에 없다. 우리는 자신을, 타인을, 그리고 우리가 사는 세상을 파악하기를 원한다. 하지만 때때로 자신의 감정이나 무의식적인 결정조차 이해하지 못한다. 그러니 타인과 타인의 행동이 우리에게 엄청난 수수께끼라는 점은 두말할 필요도 없는 사실이다.

역사 속에서 시간의 흐름에 따라 자연과학이 발생한 것은 당연한 일이다. 자연과학의 힘을 빌려 세상을 숫자로 표현할 수 있게 됐기 때문이다. 그 결과 삶은 훨씬 더 파악 가능하고 예측 가능해졌다. 하이데거는 우리를 둘러싼 대상의 수수께끼 같은 성질에 대한 경험을 설명하고자 신조어를 만들어 사용했다. 바로 '집에 있지 않음Unzuhause(익숙하거나 편안하지 않다는 뜻 - 옮긴이 주)'이다. 객관적 사실을 측량해 숫자로 표현하면 우리는 스스로가 더 많은 것을 제어한다고 느끼고 세상을 안전한 장소라고 여기게 된다.

이런 진보는 인류에게 대단히 큰 도움이 됐다. 과학자들은 신체적·정신적 질병을 이해하고 치료하기 시작했으며, 심지어 때로는 질병을 예방할 수도 있었다. 자연현상을 측량하고 분석함으로써 사람들은 자연재해에서 자신을 더 안전하게 보호했다. 이런 성공 사례 때문에 사람들은 가끔 세상의 모든 것을 숫자나 수치로 표현할 수 있으리라 믿었다. 그러다 보니 숫자에 대한 우리의 믿음이 지나치게 멀리까지 나아가버린 것이 아니냐는 의문이 피어올랐다.

    현실을 수치로 표시해 생각하는 것은 이제 우리의 일상에서 지극히 당연한 일이 됐다. 예를 들어 당신의 토요일을 떠올려보자.
    잠에서 깨면 수면주기 앱이 수면의 질이 86퍼센트이며 침대 위에 여덟 시간 이상 누워 있었다고 알려준다. 아침 식사 후 자전거를 타기로 한다. 인터넷으로 자전거도로를 확인하니 주변에 있는 여러 자전거 주행 코스가 나온다. 그중 하나는 53명에게 '좋아요'를 받았다. 오늘은 그 길을 달려보기로 한다. 맥박계를 차고 재빨리 셀카를 찍어 인스타그램과 페이스북에 올린다. 자전거를 타는 동안에는 맥박수를 140에 맞추려고 일정한 속도를 유지하며 달린다. 화장실에 가려고 잠시 쉬는 동안 SNS를 확인했다가 아까 올린 사진이 큰 반응을 얻지 못한 것을 보고 실망한다. 페이스북의 '좋아요'는 일곱 개, 인스타그램의 '하트'는 겨우 네 개다. 주행 코스를 다 달려 집으로 돌아와 자전거 앱을 열어보니 평균 시속 29.7킬로미터로 달렸다. 이제까지의 최고 기록은 시속 31.8킬로미터로 80킬로미터 이상을 달린 것이다. 오늘은 최고 기록에 도달하지 못했다. 이 코스를 똑같이 달린 여섯 명과 비교하니 겨우 5위다. 실망한 채 38도로 맞춘 온수로 샤워한다.
    저녁에는 친구들과 외식을 할 예정이라 분위기 좋은 레스토랑을 찾으려고 다시 인터넷에 접속했다. 레스토랑 앱으로 검색하니 리뷰에서 9.3점을 받은 레스토랑이 눈에 띈다. 친구들을 만나 저녁을 먹는 동안 공영 라디오 방송국에서 일하는 친구가 자신이 만드는 프로그램이 폐지될 것이라고 설명한다. 사장이 최소 청취자 25만 명을 기대할 수 있는 시간대에 겨우 12만 명밖에 모으지 못하는 건 성과 미달이라고 말했단다. 저녁 식사가 마무리될 즈음, 한 친구가 오늘 보려고 한 영화가 IMDb에서 10점 만점에 겨우 6.1점을 받았다고 경고한다. 그래서 영화관에 가지 않기로 결정한다. 월요일까지 끝마쳐야 하는 일이 있다는 친구의 얘기를 들으니 영화관에 가지 않기로 한 건 잘한 일 같다. 그 친구는 매년 과학 논문 세 편을 써야 한다.

집에 도착하자 왓츠앱에 여동생의 메시지가 들어왔다. 막 휴가에서 돌아온 참인데 꼭 봐야 할 풍경이라며 사진을 덧붙인 메시지였다. 동생은 전 세계 국가의 23퍼센트를 여행했다. 잠자리에 들기 직전 날씨 앱을 확인한다. 내일 날씨는 노천에서 맥주를 마시기에는 9점, 스포츠를 즐기기에는 4점이라고 한다. 그렇다면 내일 뭘 할지는 벌써 정해졌다.

우리의 일상을 수치나 숫자로 표현하는 것은 아무런 문제가 없다. 나 또한 이미 앞선 장에서 일과 관련한 우려를 설명하고자 숫자를 사용했다. 다만 이런 정량적 시각은 우리의 시야를 완전히 줄여버릴 수 있을 정도로 강력하다는 것을 알아야 한다. 예를 들자면 이 책이 1,000명에게 팔려 단 한 차례도 읽히지 않는 것보다는 열 명에게 팔리고 읽혀 열 가지의 각기 다른 의견을 얻는 편이 훨씬 나은 결과다. 하지만 우리는 언제나 책이 몇 부 팔렸는지에 더 큰 관심을 보인다.

숫자로 표기하는 것이 과연 대상을 제대로 설명하는 방법일까? "거짓말에는 세 가지 종류가 있다. 그냥 거짓말, 빌어먹을 거짓말, 그리고 통계다." 영국의 정치인 벤저민 디즈레일리Benjamin Disraeli가 19세기에 한 말이다. 하이데거 또한 이런 계산적인 말로는 현실을 절대 실질적으로 파악할 수 없다고 주장했다. 예를 들어 신문을 보다가 어딘가에서 테러가 발생해 여덟 명이 죽었다는 기사를 읽었다고 하자. 그렇다 해도 그 사건의 결과가 우리에게 미치는 영향은 아들을 잃고 슬퍼하는 한 어머니의 소식보다 크지 않다.

숫자는 현실의 아주 작은 부분을 차지할 뿐이지만 그 위력은 점점 커지고 있다. 숫자가 우리의 기분에 미치는 영향을 생각해보자. 우리는 페이스북에 올린 사진에 찍힌 '좋아요'의 개수가 적으면 실망하고, 자신이 세운 최고 속도 기록을 깨지 못하면 자전거를 타도 재미가 없다. 이처럼 숫자에 과도하게 집착하다 보면 무엇을 하든 즐기지 못하게 된다. 우리가 자전거를 타는 이유는 빠른 속도로 길을 달리는 것이 즐겁기 때문이다. 한 시간 동안 31.7킬로미터를 달린 기록을 깨려고 자전거를 타기 시작한 게 아니다.

철학이 삶을 위로할 때

물론 내가 얼마나 빨리 달리는지 측정하면 재미있고 기분이 좋아질 수도 있다. 하지만 그것에 너무 집착하다 보면 결국 기록 측정이 스포츠를 즐기는 기쁨을 망쳐버리고 만다. 페이스북도 마찬가지다. 우리는 자신의 일상을 친구들과 공유하고자 페이스북에 사진을 올리기 시작했다. 그런데 점점 '좋아요'의 개수에 집중하느라 어떤 사람이 내 사진에 '좋아요'를 누르고 공감했는지는 등한시하게 됐다.

우리는 숫자에 영향을 받아 결정을 내리기도 한다. 어떤 코스로 자전거를 타러 갈까? 자전거 페달을 더 빨리 돌릴까, 아니면 천천히 돌릴까? 어떤 레스토랑에 갈까? 이 음식은 칼로리가 너무 높지 않을까? 그 영화를 볼까, 말까? 내일은 뭘 할까? 우리가 숫자로 나타낸 평가를 바탕으로 얼마나 많은 결정을 내리는지, 그리고 그 결정에 따라 우리가 어떤 레스토랑에 가고 어떤 영화를 볼지가 얼마나 빈번하게 정해지는지를 생각하면 놀라울 따름이다. 넷플릭스만 해도 그렇다. 우리가 이미 본 작품에 근거해 94퍼센트 정도 취향에 일치하는 작품이 있다고 알려준다.

우리는 진정성과 유일무이함을 찾으려는 깊은 갈망을 갖고 있다. 하지만 다른 한편으로는 타인의 판단에 대한 맹목적인 믿음이 이 사회를 지배하는 듯하다. 가본 적이 없는 레스토랑이라 해도 평점이 9.3점이라면 테이블을 예약할 충분한 근거가 된다. 창피함을 무릅쓰고 고백하건대 나 또한 다음 휴가 계획을 세우면서 다른 사람들이 휴가지에 매긴 평점을 볼 수 있는 웹 사이트를 찾아봤다. 다행히 그런 사이트는 아직 없었다. 미디어로 시선을 돌려보자. 시청률 혹은 청취율이 해당 TV 혹은 라디오 프로그램의 질을 결정하지는 않는다. 하지만 방송국에서는 시청률이나 청취율이 절대적이다. 그것이 방송 분야에서만 그토록 결정적인 요소일 리는 없다.

더욱 이상한 것은 우리가 페달을 빨리 돌릴지 천천히 돌릴지조차 맥박계가 알려주는 데이터에 의존해 결정한다는 사실이다. 즉 자신의 몸이 그 순간 얼마큼 힘을 낼 수 있는지 스스로 느끼지 않고 모든 것을 측정값에 맡겨버리는 셈이다. 이처럼 기술에 의존할수록 사람은 자신의 몸을 제대로 인식하지 못한다. 기업 내에서도 이와 비슷한 일이 벌어진다. 엑셀 표의 평가 수치를 기반으로 어떤 직원과의 고용 계약을 연장할지 여부를 결정한다. 또 난민은 미리 결정된 비율에 따라 추방되거나 특정한 법적 상태를 부여받는다.

철학자이자 사회학자인 위르겐 하버마스Jürgen Habermas는 가능한 한 모든 것을 숫자로 나타내야 한다는 강력한 욕구는 20세기가 지나는 동안 점점 더 분명히 드러났으며 만연해졌다고 했다. 디지털 혁신이 일어나기도 전에 하버마스는 이런 전개를 '시스템에 의한 생활세계의 식민지화'라고 묘사했다. 이런 식민지화 상태일 때 우리는 정치, 경제, 과학, 사회 분야의 구조와 제도를 시스템에 따라 이해해야 한다. 생활세계란 사람 간의 의사소통이 일어나는 곳이자 문화적인 가치가 있는 공간이다. 이런 의사소통 공동체는 시스템 내부에서는 물론 외부에서도 스스로를 효과적으로 지켜낼 수 있어야 한다.

하버마스에 따르면 시스템과 생활세계, 이 두 영역은 모두 고유한 형태의 생각과 언어가 속해 있다. 시스템을 지배하는 것은 도구적 합리성, 즉 효율성과 지배 가능성이다. 여기에는 목표와 숫자가 편재한다. 반면 생활세계는 각기 다른 사고방식과 말투가 특징이다. 하버마스는 이를 의사소통적 합리성이라고 불렀다. 여기서는 생각이 목표에 최대한 효율적으로 도달하기 위한 수단이 아니라 타인과 합의에 이르는 데 도움이 되는 요소다. 생활세계에서는 양이 아니라 질이 중요하다. 생활세계에서 예전에는 가치와 질이 우리의 생각에 방향성을 제시했으나 이제는 숫자가 그 힘을 넘겨받았다. 이것이 바로 시스템에 의한 생활세계의 식민지화다. 하버마스는 이런 변화가 파국적인 결과를 불러올 것이라고 경고했다.

우리가 통계와 숫자에 생각을 지배당하는 순간 대상의 가치를 말로 설명하는 방법을 잊어버릴 위험이 발생한다. 이탈리아 작가 알레산드로 바리코Alessandro Baricco는 이것을 『바바리안: 문화의 돌연변이에 관한 에세이 I Barbari: Saggio sulla mutazione』에서 '문화의 야만

화'라고 불렀다. 바리코에게 사람들이 모든 것을 숫자로 표현하는 행태는 눈엣가시였다. 그는 여러 분야의 사람들이 이제 더 이상 복잡한 맥락이나 뉘앙스를 심화하려는 시도조차 하지 않는다고 비판했다. 그가 제시한 쇠퇴의 예시는 축구에서 책까지 수많은 분야에 존재한다. 바리코가 특히 혐오한 것은 미국의 와인 평론가 로버트 파커Robert M. Parker가 와인에 50점부터 100점까지 점수를 매긴 일이다. "이것이 야만성을 미리 맛보는 행태가 아니고 무엇인가? 유럽 와인의 품위가 그렇게 표현되어야 하다니. (중략) 지금 이 순간에도 와인 전문점에 가서 '95점짜리로 주세요'라고 말하는 족속들이 있을 것이다."

숫자화 때문에 우리는 세상의 복잡한 아름다움에 언어로 옷을 입힐 능력을 잃어가고 있다. 모든 것을 수치나 숫자로만 표현하면 사람은 세상의 다양성과 복잡성을 알아보고 표현하는 방법을 잊어버린다. 앞서 소개한 아선의 초등학교 교장은 학생들에게 그들이 종이에 쓰인 숫자 몇 개보다 훨씬 더 무궁무진한 가능성을 지닌 존재임을 확실히 알려줘야 할 의무가 있다고 생각했다. 사람이나 음식, 영화의 아름다움과 가치를 숫자만으로는 파악할 수 없다. 이를 인식하고 표현하려면 언어가 필요하다. 시스템이 생활세계를 식민지화하는 범위를 넓힐수록 우리는 삶의 다양성을 언어로 표현하는 방법을 연습하지 못한다.

어쩌면 우리는 하이데거가 확언했듯이 확실성에 대한 요구 때문에 세상이 숫자로 환원됐다는 모순적인 결론을 내려야 할지도 모른다. 그러나 실제로는 거의 모든 것이 숫자로 표현되면서부터 세상이 눈에 띄게 빈곤해졌다. 빈곤해진 세상은 훨씬 차가운 장소가 됐고, 결국 사람들은 '집에 있지 않음'을 더 강력하게 느끼기 시작했다. 어쩌면 세상은 우리에게 위험한 장소가 됐는지도 모른다. 네덜란드, 싱가포르 등에서 활발히 연구 활동을 펼치는 의사 루이세 판 갈런Louise van Galen은 2017년 박사 학위 논문을 발표했다. 논문은 오늘날 병원을 평가하는 데 사용되는 여러 품질 척도의 신뢰성에 의문을 제기했다. 이 척도란 예기치 않은 재입원 비율이나 환자의 사망률 등이다. 갈런이 내린 결론은 다음과 같다. "우리는 환자와의 대화에 더 무게를 실어야 하고, 모든 가능한 수치 측정이나 숫자에는 조금 덜 의존해야 한다. 그래야 의료 서비스의 안정성과 질이 높아진다."

숫자에 집착하다 보면 우리는 어떤 대상이나 사건의 측정할 수 없는 가치를 전혀 포착하지 못하게 된다. 세상을 묘사하는 언어를 올바르게 정립해야 비로소 그 세상 안에서 '집에 있는 듯한' 편안함을 느낄 수 있다. 『어린왕자』의 조종사 역시 우리에게 이러한 깨달음을 알려준다.

어른들은 숫자를 좋아한다. 아이들이 새로운 친구에 대해 이야기하면 어른들은 본질적인 것을 물어보는 법이 없다. 어른들은 절대 그 친구의 목소리가 어떤지, 그 친구가 가장 좋아하는 놀이는 무엇인지, 그 친구가 나비를 모으는지 묻지 않는다. 대신 그 친구가 몇 살인지, 얼마나 많은 책을 갖고 있는지, 몸무게는 얼마인지, 그 친구의 아버지는 얼마나 버는지를 묻는다. 그러고 나서 어른들은 그 친구를 안다고 생각한다.

아이들이 "빨간 벽돌로 만들어진 아주 예쁜 집을 봤어요. 창문가에 제라늄이 자라고 지붕 위에는 비둘기가 있었어요."라고 말해도 어른들은 그 집을 상상하지 못한다. 어른들에게는 "10만 프랑 정도 하는 집을 봤어요."라고 말해야만 "아, 굉장히 멋진 집이구나!" 하고 외칠 것이다. (중략)

아이들은 어른들에게 대단히 너그러워야 한다.

우리는 삶의 본질이 무엇인지 알고 있는 사람들이기에 멍청한 숫자 따위에 연연하지 않는다.

15

우리는 때로
구속 안에서
자유로워진다

자유에 관하여 ~~~~~~~~~~~~~~~~~~~~~~~~~~~~~~~~~~

"제약이 있어야 장인이 탄생하며,
오직 법칙만이 우리를 자유롭게 한다."

— 요한 볼프강 폰 괴테

자유롭고 싶어.

그녀는 지금 그저 자유롭고 싶어.

사랑은 언젠가 올 거야.

지금은 그저

자유롭고 싶어.

걱정 따위 떨치고 자유롭고 싶어.

사랑

사랑은 언젠가 올 거야.

지금 그녀는 그저 자유롭고 싶어.

네덜란드 가수 마르코 보르사토Marco Borsato가 부른 노래의 후렴구다. 가사를 자세히 들여다보면 결정적인 모순이 숨어 있다. 이 가사는 사랑과 자유는 양립할 수 없는 관계임을 암시한다. 자유롭고 싶다면 사랑을 멀리해야 하고, 사랑하고 싶다면 자유를 포기해야 한다는 뜻이니 말이다. 만일 러시아 출신의 영국 철학자 이사야 벌린Isaiah Berlin이 아직 살아 있어서 이 후렴구 가사를 봤다면 어땠을까? 아마도 오늘날 우리가 '자유'라는 개념을 어떻게 이해하는지 이 후렴구 가사가 아주 잘 보여준다며 "자유란 독립성이다."라고 말했을 것이다.

사람은 무언가에 얽매여 있지 않는 한 자유롭다. 자유란 자신만의 고유한 삶의 영역이며 타인이 끼어들 수 없는 공간이다. 이것은 사랑, 일, 인간관계 모두에 해당하는 말이다. 벌린은 이를 다음과 같이 정의했다. "자유롭다는 것은 내가 타인들에게 방해나 간섭을 받지 않는다는 뜻이다. 방해받지 않는 영역이 커질수록 내 자유도 커진다." 무엇과도, 그리고 누구와도 연결되지 않을 기회를 잡음으로써 사람은 자유를 지킨다. 그렇게 우리는 누구의 간섭도 받지 않을 수 있다.

자유를 추구하는 이러한 행동은 우리 사회의 각기 다른 영역에서 다양한 결과를 초래한다. 예를 들어 여행사 입장에서는 사람들이 쉽사리 결단을 내리지 못한다고 생각한다. 여행을 떠날 날짜가 가까이 다가와야 휴가 상품을 예약하는 사람들이 꽤 많기 때문이다. 또 어쩌면 다른 사람과 약속을 잡을 때 이런 말을 듣게 될지도 모른다. "일단 달력에는 연필로 써두자. 혹시 일정이 바뀌면 지워야 되니까." (이런 말을 들은 적이 없다면 그저 내 개인적이고 흔치 않은 경험이라고 생각하라.) 이런 말의 이면에는 혹시 다른 사람의 더 매력적인 제안이 있을지도 모른다는, 혹은 더 재미있어 보이는 파티가 열릴지도 모른다는 가정이 숨어 있다. 그러니 너무 일찍 약속을 확정하는 것은 어리석은 짓이다. 2016년 《허핑턴포스트》에는 '관계를 원하지 않는 요즘 세대'라는 제목의 기사가 실렸다. 그중 일부를 소개하면 다음과 같다.

> 요즘 세대를 사는 우리는 관계를 원하지 않는다. 그저 원할 때 잠자리를 같이할 친구를 사귄다. 우리는 연결을 원하지만 그것이 적당해야지 너무 지나쳐서는 안 된다. 우리는 약속을 원하지만 아주 약간이어야지 너무 많아서는 안 된다.

여기서 말하는 요즘 세대를 사는 우리란 소위 '밀레니얼', 즉 1980년대 초부터 2000년대 초 사이에 태어난 세대를 말한다. 네덜란드의 작가이자 영화감독인 사라 도모할라Sarah Domogala는 다큐멘터리 영화 〈우리가 바랐던 모든 것〉에서 찬란한 삶을 사는 것 같아 보이지만 동시에 정신적인 문제와 싸워야 하는 20~30대 인물들의 모습을 보여주었다. 눈에 띄는 점은 감독 본인도 속해 있는 밀레니얼들이 끝없는 불안을 늘 품고 있으며 결정을 내리기 힘들어서 공황발작을 일으키거나 만성적으로 항우울제를 복용하게 될지도 모른다는 사실이다.

2000년 미국의 심리학자인 쉬나 아이엔가Sheena Iyengar와 마크

레퍼Mark Lepper가 선택지의 수가 결정을 내리는 과정에 어떤 영향을 미치는지를 알아봤다. 이들은 한 시장에 마멀레이드의 시식과 구입이 가능한 판매대 두 곳을 설치했다. 한 판매대에서는 24가지 종류의 마멀레이드를, 다른 한 곳에서는 여섯 가지 종류의 마멀레이드를 팔았다. 실험 결과 24종의 마멀레이드가 있는 판매대를 찾은 손님이 6종의 마멀레이드가 있는 판매대를 찾은 손님보다 더 많았다. 비율로 따지면 60대 40이었다. 그런데 실제로 팔린 마멀레이드의 비율은 정반대였다. 선택지가 적은 판매대의 판매량이 31퍼센트였고, 선택지가 더 많은 판매대의 판매량은 겨우 3퍼센트였다.

아이엔가와 레퍼는 이 차이를 '예상 후회Anticipated regret'의 원칙으로 설명했다. 즉 사람들은 어떤 물건을 살 때 선택지가 많아질수록 자신이 올바른 선택을 했는지 확신하지 못하는 경향이 있다는 것이다. 앞선 실험의 경우 24종의 마멀레이드를 전부 시식하기가 어렵기 때문에 나중에 더 맛있는 마멀레이드가 있었는데도 그것을 놓쳐버렸다고 후회할 위험이 커지는 셈이다. 이런 예상 후회가 두려워서 사람들은 선택지가 많은 곳에서 구매 결정을 내리지 않았다. 6종의 마멀레이드를 팔던 판매대에서는 6종 모두를 맛볼 수 있기 때문에 구매자는 원하지 않는 종류를 쉽게 제외할 수 있었다. 그리고 가장 맛있는 종류가 무엇인지도 쉽게 확신할 수 있었다. 프랑스의 철학자 볼테르는 『철학 사전Dictionnaire philosophique』에 다음과 같이 썼다. "더 나은 것은 좋은 것의 적이다."

우리는 선택지가 너무 많을 때 오히려 확실한 결정을 내리지 못한다. 모든 슈퍼마켓 주인들이 이 교훈을 기억하고 전략적 영업 정책을 펼친다면 가게가 훨씬 일목요연하게 정리되지 않을까 싶다. 선택지가 여러 개일 때 한 가지를 선택하기는 어렵지만, 그 와중에도 우리는 제시된 것들 중 대개 더 큰 숫자를 고른다. 그래서 24종의 마멀레이드를 파는 판매대를 방문한 손님이 더 많았던 것이다.

오늘날 우리는 대부분의 삶의 영역에서 조상들에 비해 훨씬 많은 선택지를 갖게 됐다. 어떤 교육을 받고 어떤 직업을 가져서 어떻게 커리어를 꾸려나갈지, 또 누구를 만나 사랑하고 어디에서 살지, 가족과 함께 살 것인지 떨어져 살 것인지 등등 무수히 많은 선택지 앞에 선다. 우리는 많은 선택지를 갖고 있으며 또 원하지만, 바로 이것 때문에 불안해질 뿐 아니라 스스로 결정을 내리지 못해 고민에 빠진다. 어쩌면 우리는 감당할 수 없는 것을 원했던 것은 아닐까?

이 모든 선택지가 우리를 그토록 시험에 들게 한다면 우리는 도대체 왜 많은 선택지를 원하는 걸까? 아마도 선택지의 숫자가 클수록 자유롭다는 느낌이 강해지기 때문이리라. 더 많은 것들 중에서 선택할 기회를 가질수록 우리는 스스로 자유롭다고 느낀다. 그뿐만이 아니다. 오늘날 가능성이 열려 있다는 것은 '자유'와 동등한 의미다. 즉 선택하지 않는다면 확실하게 결정하지 않는다는 뜻이고, 그럴수록 우리의 자유는 커진다.

벌린은 이것을 '부정적 자유'라고 불렀다. 여기서 '부정적'이라는 말은 가치판단이 아니라 자유의 실현과 관계된 말이다. 즉 간섭과 종속이 없음으로써 자유가 실현됨을 뜻한다. 자유를 이런 관점에서 바라볼 때의 위험성이 가장 첨예해지는 순간은 늙어서 홀로 외로이 임종의 자리에 누워 있을 때다. 다양한 선택지가 더는 없어지는 상태이므로, 그 무엇에도 그 누구에게도 얽매이지 않았던 자유를 잃는다는 공포를 느낀다.

20세기 가장 유명한 네덜란드 철학자 중 한 명이자 가수인 안드레 하제스André Hazes의 노래 가사에는 이런 구절이 있다. "너는 네가 자유롭다고 말하지, 그건 혼자라는 뜻이야." 또 이런 가사도 있다. "이제 그 두려움을 나에게 줘." 마르코 보르사토가 부른 노래 가사와 일맥상통하는 부분이 있다. 누구와도 연결되지 않은 자유를 잃을지도 모른다는 두려움은 궁극적으로 외로움으로 통한다. 벌린은 이런 삶의 감정을 다음과 같이 표현했다. "나는 내가 스스로에게 돌아오도록 만들었다. 그곳에서, 오직 그곳에서만 나는 확신한다."

독립성이 자유를 바라보는 제한된 시각이라면 거기서 더 나아가 자유란 무엇인가? 프랑스의 철학자 르네 데카르트는 많은 이들에게 인용된 글에서 이렇게 제안했다. "만약 나를 한쪽으로 몰고 가는 것이 아무것도 없다면 내가 느끼는 모든 무차별성은 자유의 가장 낮은 단계다." 데카르트는 자유란 결정을 내릴 수 있는 능력이라고 봤다. 그가 옳다면 24종의 마멀레이드를 눈앞에 둔 우리는 더 자유로운 것이 아니라 더 부자유하다. 선택지가 열려 있거나 독립성이 보장된다고 해서 사람이 자유로워지는 것은 아니기 때문이다.

이사야 벌린은 부정적 자유와 동시에 '긍정적 자유'가 존재한다고 설명했다(긍정적이라는 말 또한 가치판단을 뜻하지 않는다). 긍정적 자유란 데카르트가 남긴 말과 마찬가지로 사람이 어떤 결정을 지속적으로 내릴 때 발생한다. 이 견해에 따르면 결정을 내리고 그 결정에 따라 삶을 꾸려나가는 것이 중요하다. 또한 사람이 스스로를 제한하는 순간 더 많은 자유가 생겨난다.

스키를 예로 들어보자. 우리는 몇 년 동안 열심히 연습해야 비로소 자유롭게 활강할 수 있다. 처음 스키를 타면 몸이 뻣뻣하게 굳고 동작이 서툴러 제대로 즐기지 못한다. 스키 강습에 참가하면 강사가 무릎의 움직임이나 스키폴을 잡는 방법을 살펴보고 문제점을 알려준다. 부정적 자유의 측면으로 보면 이 스키 강사는 우리의 자유를 제한한다. 우리에게 특정한 규칙을 부과하기 때문이다. 그런데 이런 제한은 결국 자유롭게 스키를 탈 수 있는 결과로 이어진다.

또 다른 좋은 예로 점차 인기가 높아지는 각종 페스티벌을 들 수 있다. 문화사회학자 시모너 크나펀Simone Knaapen은 2005년부터 로랜드 페스티벌을 찾는 관객들을 연구해 음악 페스티벌의 유명세가 대중들의 자유에 대한 갈망을 설명한다는 결론을 내놓았다. 이 페스티벌이 좁은 공간에서 펼쳐진다는 점을 고려하면 주목할 만한 결과다. 행사장에 입장하려면 관객들은 손목에 팔찌를 착용해야 한다. 더불어 행사장에서 주어지는 선택지는 우리가 일상에서 접하는 것보다 훨씬 적다. 관객들은 여러 공연을 찾아가고 잔디밭 위에 아무렇게나 널브러져 앉거나 눕는다. 또는 바에서 음료를 마시거나 텐트 안에서 쉰다. 페스티벌에 참가한 사람들은 공간과 가능성의 한계를 경험하지만 그럼에도 집에 있는 것보다 자유롭다고 느낀다. 그렇다면 한계와 규칙이 자유라는 감각을 반드시 제한하는 것만은 아닌 모양이다.

자유에 관한 세미나를 마친 후 한 학생이 나에게 다가왔다. 학생은 자유를 잃을까 두려워 벌써 몇 년 동안이나 고정적인 연애 상대를 만들지 않았노라고 했다. 그렇게 꽤 오랫동안 가벼운 만남만을 되풀이하던 중에 어떤 사람과 사랑에 푹 빠져버렸다고 털어놓았다. 희한한 점은, 학생이 그 사람과 사귀기로 결심하고 고정적인 관계를 시작한 순간부터 스스로 더 자유로워졌다고 느꼈다는 것이다. 이것은 많은 커플들이 결혼반지에 새기는 말과 일치한다. 바로 '결합 속의 자유'다.

제약이 발생했을 때 우리에게는 어떤 종류의 자유가 주어질까? 벌린은 이런 자유를 '자아실현'이라고 표현했다. 스스로를 속박하는 결정을 내리면 사람은 속박을 피할 때보다 발전할 수 있는 능력을 얻는다. 스스로 어떤 결정을 내렸다는 사실을 알고 있기 때문에 사람은 그 일에 전적으로 관여할 수 있다. 어쩌면 이것이 사람들이 페스티벌에서, 그리고 연애 관계에서 경험하는 자유인지도 모른다. 몇 년 동안 독립했다가 다시 조직에 속하기를 원하는 사람들을 보면 이 원칙이 또 다른 방식으로 구체화된다는 사실을 알 수 있다. 사람은 스스로를 발전시키기 위해 때때로 속박을 필요로 한다.

이렇듯 자아실현을 하려면 자신에게 부과된 규칙과 제한을 따르는 것이 매우 중요하다. 능숙한 스키어가 되어 자유를 경험하고 싶다면 우선 스키 강습을 들어야 한다는 사실을 믿어야 한다. 스스로 신뢰하지 않는 규칙이나 의무에 얽매인다면 자유롭다는 감각은 오히려 더 줄어들 뿐이다.

앞서 언급했듯 부정적 자유는 '무언가에서 자유로운' 것이고 긍정적 자유는 '자유롭게 무언가를 하는' 것이다. 학교에서 자유로운 것은 부정적 자유다. 이때 학교는 개인의 삶에 간섭하지 않는다. 학교에 갈 자유는 긍정적 자유다. 이때 사람은 학교 교육을 기반으로 스스로를 더욱 발전시킬 자유를 갖는다.

벌린은 두 가지 자유에 관한 견해의 차이가 정치계에서는 이데올로기 갈등으로 이어졌다고 봤다. "여기서 말하는 건 한 가지 개념의 두 가지 다른 뜻이 아니라 삶의 목표로 가는 두 가지 근본적으로 다른, 양립할 수 없는 사고방식이다." 벌린은 이런 갈등이 정치를 지배하고 있다고까지 말했다. 왜냐하면 서로 견해가 다르므로 정부의 개입 가능성 범위에 관해 극단적으로 다른 답이 도출될 수 있기 때문이다.

부정적 자유 지지자들은 정부가 가능한 한 적게 개입해야 한다고 말한다. 긍정적 자유 지지자들은 정부의 개입이 모든 시민의 자유를 위한 기여라고 말한다. 가능한 한 소극적인 국가를 원하는 자유주의적 의견과 가능한 한 강력한 국가를 원하는 사회주의적 의견의 갈등은 두 가지 자유의 개념을 둘러싼 갈등과 같다. 부정적 자유가 너무 커지면 윤리적 주관주의(도덕적 옳고 그름이란 없고 다만 서로 생각이 다를 뿐이라는 시각 – 옮긴이 주)의 위험이 닥친다. 결국 그 사회 안에서는 누구도 자기 주장을 펼치지 못하게 되고, 그러다 보면 상호 간의 결속이 점차 사라진다. 긍정적 자유가 너무 커지면 오로지 정부가 시민에게 좋고 나쁜 것이 무엇인지를 목표에 입각해 결정해야 한다.

정치 분야에서든 개인의 삶에서든 중요한 것은 긍정적 자유와 부정적 자유 사이에서 정확한 균형을 찾는 일이다. 이것은 앞선 두 가지 구상 중 과연 어느 방향으로 갔을 때 자유에 관한 우리의 생각이 한계를 벗어나느냐 하는 질문으로 이어진다. 오늘날 사회에서는 부정적 자유가 우위를 점하고 있는 듯하다. 자유란 무엇보다도 오직 하나만 선택할 필요 없이 가능한 한 많은 선택지를 갖는다는 뜻이다. 이런 경향이 지배적이다 보니 사회학에서는 오늘날 인간을 호모 옵티오니스Homo optionis, 즉 선택하는 사람이라고 부른다.

서유럽의 역사를 생각해보면 부정적 자유가 우세해질 수밖에 없었다. 서유럽인들은 자신들의 문화를 계몽의 문화라고 자랑스럽게 말한다. 이마누엘 칸트가 1784년에 쓴 기고문 「계몽이란 무엇인가라는 물음에 대한 대답Beantwortung der Frage: Was ist Aufklärung?」에서 칸트는 계몽을 다음과 같이 설명했다. "계몽이란 사람이 스스로의 잘못으로 초래한 미성년 상태에서 탈피하는 것이다." 다른 말로 설명하자면 계몽이란 우리가 어떻게 생각하고 어떻게 살아야 하는지를 지시하는 시스템에서 해방됐다는 뜻이다.

사람들은 수백 년 동안이나 정치, 종교 분야에서 다른 사람들이 자신을 대신해 생각하도록 용인했다. 하지만 오늘날에는 스스로의 뇌를 일깨워 생각해야 한다. 칸트에 따르면 계몽의 모토는 다음과 같다. "감히 알려고 하라! 너 자신의 이성을 사용할 용기를 가져라!" 계몽사상은 자유가 독립성이라는 생각과 연결되어 있다고 보았다. 그리고 칸트가 살았던 시대 이후 수백 년이 지나는 동안 서유럽의 급속한 세속화 과정 속에서 더욱 발전했다.

우리가 자유라는 개념을 무엇으로 이해하느냐는 매우 중요한 문제다. 그것이 삶의 방식에 영향을 미치기 때문이다. 자유를 잃을까 봐 두려워 결정을 내리기가 어렵다고 느끼는 사람은 계속 제자리걸음만 하게 될 위험이 있다. 게다가 이런 사람은 자유와 속박이 양립할 수 없다고 확신한다. 앞서 언급한 다큐멘터리 영화 〈우리가 바랐던 모든 것〉은 그런 생각이 어떤 문제로 이어질지를 고통스러울 정도로 정확하게 그려냈다. 이 영화에서 인터뷰에 응한 밀레니얼들은 그 누구도 행복하지 않았다. 더 나아가서 한 명도 빠짐없이 오랜 시간 동안 불안, 스트레스, 우울과 싸우고 있었다. 그러니 우리는 자유의 개념을 벌린이 말한 '긍정적 자유'까지 확장하는 편이 좋다.

자유가 늘 의무적인 결정과 대립하지는 않는다. 스스로를 속박하고 제한했을 때 비로소 더 자유롭게 발전할 수 있는 상황도 있다. 하버드 대학교의 심리학자이자 작가인 댄 길버트Dan Gilbert의 연구에 따르면, 돌이킬 수 없는 결정을 한 사람들이 오히려 아직 열려 있는 수많은 선택지를 갖고 있는 사람들보다 더 많은 일을 해내고 더 행복하다. 자유에 대한 이해의 범위를 넓힐 수 있는 사람이라면 각기 다른 여러 가지 방식으로 자유에 도달할 수 있다.

아무리 모순적으로 들릴지라도 사람은 스스로를 속박함으로써 자유를 찾는다. 시간이 지나면 사랑과 자유가 양립할 수 없다는 의미의 가사보다는 그 둘이 서로 공생하는 관계라는 의미의 가사가 더 많이 쓰일지도 모른다.

16

인간을 탐구하면
보이는 것들

사람에 관하여 〰〰〰〰〰〰〰〰〰〰〰

"누군가를 신뢰할 수 있을 만한 인물로 만드는
단 한 가지 방법은 그를 신뢰하는 것이다.
누군가를 신뢰할 수 없는 인물로 만드는
확실한 방법은 그를 의심하는 것이다."

― 헨리 L. 스팀슨

2015년 말에 페이스북의 창립자 마크 저커버그와 그의 아내 프리실라 챈은 딸 맥스를 얻었다. 부모가 된 두 사람은 대중에 공개한 편지에서 딸과 다른 어린이들이 더 나은 미래를 살아가도록 어린이들의 교육, 질병과의 싸움, 튼튼한 사회 발전에 이바지하고자 페이스북 지분의 99퍼센트를 기부하겠다고 선언했다. 이후 페이스북의 타임라인에는 편지를 읽은 대중들의 반응이 엄청난 속도로 올라왔다. 그 반응은 크게 두 갈래로 나뉘었다.

한쪽은 이제 막 부모가 된 두 사람을 추켜세우며 희망찬 미래를 설계하는 사람들이었다. 다른 한쪽은 냉소적인 반응을 보이며 결국 이 소식으로 저커버그만 이익을 볼 것이라고 말하는 사람들이었다. 두 그룹 중 누가 옳은지는 차치하고(며칠 후 밝혀진 바에 따르면 저커버그는 지분의 99퍼센트를 다른 비영리 단체가 아닌 자신이 설립한 투자회사에 기부했다), 편지 한 통에 사람들이 보이는 반응이 완전히 양분된다는 점이 매우 흥미로웠다.

이런 현상은 저커버그의 결정보다는 그것에 반응하는 사람들의 인간상을 더 잘 보여준다. 스페인의 철학자 호세 오르테가 이 가세트는 철학이란 피상의 과학이라고 말했다. 철학하는 사람은 무의식적인 상상, 추측, 가정을 파헤친다. 타인을 바라보는 자신의 관점을 의식하는 것은 대단히 유익한 일이다. 만일 그렇지 않을 경우 자신의 무의식적인 인간상을 세상에 투영할 위험이 있다. 이로써 현실을 바라보는 관점이 제한되고 타인의 행동을 자신만의 준거 기준에 따라 해석하기 때문에 타인을 올바르게 판단하지 못하게 된다. 같은 맥락에서 다른 사람들도 그들만의 인간상에 영향을 받는다는 점을 의식한다면 그들의 반응이나 입장을 더 잘 이해할 수 있다.

인간상은 대개 그 사람의 개인적인 경험을 바탕으로 형성되며 종교적 신념과 유사한 성격을 띤다. 다시 말해 인간상이란 어떤 사람을 증명할 수 있는 가정이 아니다. 그런데 이 가정 때문에 우리는 결정적으로 우리가 사는 세상에 대해 잘 알고 있다는 착각에 빠진다.

사회적인 사건을 보고 각기 다른 반응을 보이는 사람들끼리 다투는 것은 어제오늘 일이 아니다. 17세기에는 영국의 철학자 토머스 홉스Thomas Hobbs와 존 로크John Locke가 격렬한 논쟁을 벌였다. 홉스는 사람이 만인에 대한 만인의 투쟁 속에 존재하며 그것이 우리의 자연 상태라고 봤다.

인간의 본성에는 세 가지 주요한 갈등의 원인이 있다. 경쟁, 불신, 공명심이다.

타인이 나와 똑같은 목표를 추구하고 있다는 사실을 눈치채는 순간 그 사람은 꺾어야 할 경쟁 상대가 된다. 게다가 홉스의 의견에 따르면 인간은 자신을 보호하고자 타인을 깊이 불신할 수밖에 없다. 사람들이 기꺼이 평화롭게 협력하는 순간은 오로지 죽음이 두려울 때뿐이다. 마지막으로 사람은 자신이 스스로를 평가하는 만큼 타인이 자신을 평가해주기를 바란다. 만약 그것이 어긋나면 사람은 타인에게 좋은 평가를 받아내려고 무슨 짓이든 한다. 우리는 홉스가 말한 이 '비참한 투쟁 상태'에 빠질 수밖에 없다. 그 이유는 '사람은 사람에 대해 늑대'이기 때문이다.

홉스는 이런 자연적인 투쟁과 혼란을 어느 정도 잠재우려면 매우 강력하고 절대적인 힘을 지닌 존재가 필요하다고 말했다. 그는 『구약성서』에 나오는 무시무시한 바다괴물에 비유해 이런 강제적인 국가 권력을 '리바이어던Leviathan'으로 묘사했다. 호전적인 사람들을 제어하려면 국가가 짐승과 같은 강력한 힘을 갖춰야 한다는 뜻이다. 홉스가 생각해낸 강한 국가의 형태는 넷플릭스 시리즈인 〈고모라〉의 마피아 보스 돈 피에트로 사바스타노의 대사에서 알 수 있다. "민주주의는 더 이상 기능하지 않아. 채찍질이 없으면 개떼들이 서로를 물어뜯거든." 의식적으로든 무의식적으로든 홉스의 인간상을 따른다면 저커버그의 행동을 이기적이라고 여길 수 있다. 홉스에 따르면 남을 돕는 것은 인간의 천성이 아니기 때문이다.

반대로 존 로크의 인간상을 따른다면 저커버그의 행동을 긍정적으로 해석할 수 있다. 로크는 홉스가 생각하는 인간의 자연 상태와 다르게 인간을 바라보는 긍정적인 시각을 제시했다.

> 자연 상태와 투쟁 상태에는 명확한 차이가 있다. 많은 사람이 이를 혼동하지만 사실 매우 다르다. 자연 상태와 투쟁 상태는 마치 평화롭고 행복하며 사람들이 서로를 돕고 지지하는 상태와 사람들이 적대적이고 악의에 차 있으며 폭력적이고 서로를 파괴하는 상태의 차이만큼이나 다르다.
>
> — 『통치론Two Treatises on Government』

로크에 따르면 사람은 타고나길 이성적이고 서로 협력한다. 즉 사람은 애초부터 사회적인 존재다. 자연스러운 욕구를 채우기 위해 서로가 서로를 필요로 한다는 사실을 잘 알고 있기 때문이다. 그러므로 저커버그가 더 나은 세상을 위해 기꺼이 전 재산을 기부하겠다는 의사를 밝힌 것은 곡해될 수 없는 일이다. 만약 사람들이 서로 갈등을 일으키기만 한다면 그것은 홉스가 말한 자연 상태가 아니라 인간의 가장 깊은 내면을 완성하는 상태가 기형적인 모습을 보이게 된다.

여러 가지 인간상이 있지만, 대체로는 로크와 홉스가 제시한 인간상에서 크게 벗어나지 않는다. 우리가 타인의 문제적인 행동 방식에 어떻게 맞서야 하는지 혹은 그것을 사전에 방지할 수 있는지에 관한 대부분의 의견은 로크와 홉스가 말한 두 가지 근본적으로 다른 인간상에서 파생한 것이다. 오늘날까지도 말이다.

예를 들어 고등학교 교사가 학생과 면담하는 상황을 생각해 보자. 교사는 상담을 마친 후 여러모로 우려스러운 학생에게 더 큰 관심과 주의를 쏟는다. 이때 흥미로운 점은 그 교사의 동료 교사들이 홉스와 로크 사이에서 벌어졌던 논쟁을 의식하지 않았는데도 자연스럽게 양분된 반응을 보인다는 사실이다. '홉스 진영'에 속한 교사들은 우려스러운 학생들을 다루려면 '채찍'을 사용해 강경책을 펼쳐야 한다고 말한다. 경고하고 교실 밖으로 쫓아낸 다음, 학생이 굽히고 들어올 때까지 기다려야 한다는 것이다. 그러면서 벌로 숙제를 내거나 학급 분위기를 망칠 경우 더 이상 반의 일원으로 받아들일 수 없다고 주의를 준다. 반면 '로크 진영'의 교사들은 이런 학생들에게 '당근'을 주듯 더 신경을 써야 하며 그들의 말을 귀 기울여 들어야 한다고 주장한다. 수업을 시작하기 전에 이런 학생들과 잠시 이야기를 나누거나 그들이 불안해 보인다면 따로 복도로 불러내 상담하고 해결책을 찾아야 한다고 조언한다. 왜냐하면 반항적인 학생은 존재하지 않기 때문이다. 그저 무언가를 잘못 이해했거나 이해에 어려움을 겪는 학생만이 있을 뿐이다.

교사는 자신의 인간상을 학생에게 투영한다. 교사가 학생에게서 발견하는 모습은 교사 자신의 개인적인 상상이자 추측이자 가정이다. 이러한 사실을 교사 스스로 의식한 상태라면 더 날카로운 시선으로 학생을 바라볼 수 있다. 동료 교사들 또한 추측과 가정을 두고 토론함으로써 학생들의 입장을 더 잘 이해할 수 있다. 당연한 이야기지만 교사는 모든 학생과 똑같은 상담을 진행해서는 안 된다.

이것은 학교뿐만 아니라 우리가 인간관계를 두고 고민하는 모든 상황에 해당한다. 교도소나 교정시설, 축구의 훌리건에 관한 논의를 떠올려보아도 그 근본에는 인간상이 놓여 있다. 이 모든 논의의 핵심은 인간이라는 존재에 가장 잘 들어맞는 권위란 어떤 것이냐는 질문이다. 대상을 절대 풀어주지 않는 가혹한 징벌이 필요하다고 믿는가? 아니면 사람들에게 스스로를 긍정적으로 발전시킬 여유와 미래 지향적인 대우가 주어져야 한다고 믿는가? 훌리건들을 강력한 경찰력의 손에 넘겨 공포심을 준 뒤 높은 철창 뒤에 가둬야 하는가? 아니면 위력을 행사하는 대신 그들이 스스로 책임을 지도록 해야 하는가?

이민자를 둘러싼 긴장과 갈등 또한 이를 명백히 보여주는 예시다. 로크 진영은 중앙유럽 국가들이 애초에 이민자들로 이루어진 국가이므로 이민자들을 친절하게 받아들이고 서로 협력해야 한다고 말한다. 홉스 진영은 이런 접근법을 지나치게 안일한 생각이라며 무시하고 더 강력한 방법이 필요하다고 말한다. 즉 이민자들을 현실에 순응하도록 해야 하며 그러지 않으면 영주권이나 시민권 등의 거주 허가를 박탈해야 한다는 것이다. 의회에 하루 종일 앉아 각기 다른 정당의 강령을 품은 음흉한 인간상들과 대화를 나누는 것은 분명 유익한 일이다. 어쩌면 그러다가 논쟁을 바라보는 새로운 관점이 탄생할지도 모를 테니 말이다.

프랑스의 철학자 장 자크 루소Jean Jacques Rousseau도 같은 주제를 두고 사상을 전개했다. 루소는 사람들 사이의 호전적인 투쟁이 갈등을 좋아하는 인간의 천성에서 비롯된 것이라는 홉스의 견해에는 동의하지 않았다. 루소는 인간의 천성이 아니라 사회 내의 공동생활에 대한 의존성이 갈등의 원인이라고 봤다. 즉 인간은 선천적으로는 절대 사회적인 존재가 아니라는 것이다. 그러면서 루소는 자연 상태의 인간인 미개인에 관해 설명했다. 홉스나 로크와 달리 루소가 묘사한 자연 상태의 인간인 미개인은 사회에 속하지 않고 자기 자신만 보존하면 되는 존재다. 따라서 역사적으로 서술된 인간의 모습이 아니라 그들의 모습 자체가 진정한 조리條理, 즉 합리적이고 도덕적으로 올바른 것을 나타낼 전제이자 조건이다. 루소가 말한 미개인은 완전히 자유로운 상태로 이리저리 유랑하며 혼자 숲을 가로지르고 일도 하지 않는다. 언어도 없고 동족도

필요하지 않다. 이 미개인은 그저 자연, 그리고 자기 자신하고만 연결되어 있지만 우리들보다 행복하다. 스스로 자신의 독립성을 지킬 수 있기 때문이다. 여기서 루소가 로크와도 같은 선상에 있지 않다는 점이 명백해진다. 로크는 사람이 본질적으로 사회적인 존재이며 선천적으로 다른 사람들에게 의존하고 서로 협력하도록 만들어졌다고 생각했다. 하지만 루소는 사람을 애당초 외톨이로 봤다. 그러다가 한 뙈기의 땅에 권리를 주장한 최초의 인간이 나타났고, 그 순간 독립적이고 자립적인 생활에서 얻는 행복을 잃은 것이다.

> 한 뙈기의 땅에 울타리를 치고 그 땅이 자신의 소유라고 주장해야겠다고, 그리고 다른 사람들이 자신의 말을 곧이곧대로 믿을 만큼 단순하다고 생각한 최초의 사람이야말로 문명사회의 실질적인 창시자다.
>
> ─『인간 불평등 기원론
> Discours sur l'origine et les fondements de l'inégalité parmi les hommes 』

루소는 바로 그 시점, 즉 인간에게 사유라는 개념이 생긴 시점부터 모든 것이 파멸로 치닫기 시작했다고 말했다. 땅을 자신의 소유라고 주장한 사람은 그 작은 땅 위에 사랑하는 사람들과 함께 살 집을 지었다. 이로써 사람들은 서로 의존하면서도 서로를 질투

하는 존재가 됐다. 사람들은 도구와 기계를 만들어 땅을 경작했는데, 그러다 보니 신체적으로 쇠약해졌다. 이런 발전이 거듭될수록 사회는 사람들이 명예와 존경만을 좇는 곳이 됐다. 이런 사회에서는 갈등과 싸움이 야기될 수밖에 없고 결국 사람은 독립성을 잃는다. 『인간 불평등 기원론』에서도 이를 지적한다. "미개인은 자기 자신 속에 살지만 문명인은 언제나 자기 자신 밖에서, 즉 타인의 의견 속에 산다."

로크와 루소의 인간상은 관계와 의존을 바라보는 완전히 다른 시각으로 이어진다. 스스로를 누구에게도 의존하지 않는 존재로 만들려는 사람들의 내면에는 루소의 사상이 계속 남아 있다. 당신의 친구 두 명이 몇 년 동안 좋은 연인 관계를 유지하고 있었는데 같은 문제 때문에 반복적으로 다툰다고 상상해보라. 여자는 혼자만의 시간을 많이 갖길 원하고, 반대로 남자는 되도록 많은 것을 함께하길 원한다. 여자는 혼자 살길 원하고 남자는 같이 살길 원한다. 아마도 남자는 여자가 자신과 거리를 둔다고 해석할 것이고, 여자는 남자가 자신에게 집착한다고 해석할 것이다.

만약 두 사람이, 인간이 어떤 존재이고 깊은 내면에서 필요로 하는 것이 무엇인지에 대한 생각의 엇갈림 때문에 문제가 발생한다는 사실을 의식한다면 서로의 마음을 더 잘 헤아릴 수 있다. 어쩌면 여자는 자신의 독립성을 잃을까 봐 두려운지도 모른다. 혼자 살며 스스로에게 많은 시간을 투자하는 행동은 여자에게는 내면의 행복을 찾는다는 것이 무엇인지를 잊지 않을 방법이다. 이런 (무의식적인) 루소적 관점을 가진 사람은 로크의 인간상을 지향하는 사람과는 인간관계를 맺는 방식이 다르다. 로크적 관점을 가진 사람이라면 앞서 언급한 상황에서 독립성을 유지하는 데 신경을 덜 쓸 것이다. 그는 인간이란 타인을 필요로 하는 존재이고 서로 관계를 맺어야만 비로소 행복을 찾을 수 있다고 확신하기 때문이다. 사람들이 인간의 기본 욕구를 바라보는 관점에 명백한 차이가 있다는 사실을 정확히 인식하는 편이 좋다. 그래야 타인과의 관계를 경솔하게 끝내지 않을 수 있다.

인간상을 탐구하면 생각의 폭이 더욱 넓어지고 다른 사람을 더 잘 이해할 수 있으며 서로 훨씬 풍성한 대화를 나눌 수 있다. 게다가 여러 갈등을 미연에 방지할 수도 있다. 이것은 교육, 정치, 사랑 등 이질적인 모든 분야에서 마찬가지다. 인간상 탐구는 타인의 행동 방식을 보고 우리가 가장 처음 나타내는 반응이 사실은 타인에 대한 반응이 아니라 자신의 내면에 숨겨져 있던 표현을 드러내는 것임을 의식하도록 도와준다.

17

예술은 완전히
새로운 세상을 열어준다

예술에 관하여 〰〰〰〰〰〰〰〰〰〰〰〰

"예술을 경험하는 것만으로도 우리는 자신에게서 빠져나와
타인이 세상을 어떻게 바라보는지 의식할 수 있다."
— 마르셀 프루스트

나는 쿠바에서 인생 첫 그림을 샀다. 거주지가 밀집한 지역의 좁은 길을 따라 산책하던 중 여자친구를 따라 갤러리로 들어갔다. 그 순간 눈높이에 걸려 있는 커다란 그림이 나를 사로잡았다. 그림에서 시선을 뗄 수 없었다. 붉은 옷을 입은 여자가 춤을 추는 모습이 담긴 그림이었다. 그림인데도 마치 그 여자가 계속해서 움직이고 있는 것 같았다. 얼마 후 주변을 둘러보자 여자친구가 벽에 걸린 다른 그림에 빠져든 모습이 보였다. 같은 여자가 다른 포즈로 춤을 추고 있는 그림이었다. 우리는 그 작품을 아바나에 남겨두고 올 수 없었다.

예술 작품이 우리를 꽉 붙잡고 놓아주지 않을 때가 있다. 반대로 우리는 아무런 흥미도 느끼지 못한 채 박물관을 빠져나올 때도 있고, 소설을 끝까지 읽지 못할 때도 있다. 예술은 언제 우리를 사로잡고 이때 무슨 일이 벌어지는 걸까? 이 질문에는 여러 가지 철학적 답변이 존재한다. 이런 철학적 답변은 예술 경험을 더 풍부하고 깊게 만들 수 있을까? 아니면 예술에 관한 고찰이 오히려 직감적인 경험을 침해할까?

> 신발이라는 도구에 밟힌 안쪽의 어두운 틈새에 노동하는 발걸음의 곤궁함이 잔뜩 묻어 있다. 신발이라는 도구의 육중한 무게에는 거친 바람이 부는 가운데 멀리까지 뻗어도 계속 같은 모양을 유지하는 밭고랑 사이를 헤치는 느릿한 걸음걸이의 끈기가 퇴적해 있다. 겉가죽에는 대지의 습기와 풍족함이 서려 있다. 저무는 저녁에 신발 밑창 아래로 들길의 쓸쓸함이 밀려들어간다.
>
> ─『숲길Holzwege』

마르틴 하이데거는 사람이 예술을 접했을 때 무슨 일이 벌어지느냐는 질문에 의미심장하면서도 복잡한 답변을 내놓았다. 그는 명확한 설명을 위해 빈센트 반 고흐가 신발 한 켤레를 그린 그림을 예로 들었다. 하이데거의 시각에서 이 그림은 그저 농촌 아낙네의 신발이 아니라 그것을 훨씬 뛰어넘는 존재다. 이 그림은 신발이 경험한 농촌 아낙네라는 존재를 세상에 드러낸다. "작품의 가까이에서 우리는 갑자기 우리가 늘 익숙하게 머물던 곳과는 다른 장소에 있다."

하이데거에 따르면 예술 작품은 존재를 '나타남'으로 만든다.

그래서 사람들은 예술 작품을 보았을 때 그것이 자신에게 말을 건넨다는 느낌을 받는다. 하이데거 철학은 바로 이 존재를 이해하고자 철저히 탐구하는 것이다. 그는 철학의 역사는 거대한 '존재망각Seinsvergessenheit'에 지배당하고 있다고 말했다. 즉 사람들이 존재를 탐구하는 질문 던지기를 잊어버렸다는 뜻이다. 오직 사람만이 존재란 무엇인가에 관한 징후를 찾을 수 있다. 그 이유는 자기 스스로가 존재한다는 사실을 의식하고 있기 때문이다. 하이데거는 이것을 사람이 '거기에 있다sind da'는 말로 설명했다. 그런데 사실 우리가 인간으로서 거기에 있다는 사실을 갑자기 의식하는 일은 드물다. 우리가 이를 의식하는 순간은 세상이 존재를 드러낼 때다. 예를 들어 예상치 못한 심각한 질병에 걸리거나 사랑에 빠졌을 때 말이다. 그러면 갑자기 모든 것이 바뀌고 우리는 세상을 다르게, 더 선명하게 본다.

예술 또한 이런 경험을 불러일으킬 수 있다. "예술은 시적인 영감을 주는 데서 나아가 사람들이 완전히 열린 세상으로 나아가도록 문을 열어젖힌다. 이 열려 있음 안에서는 모든 것이 예전과 다르다." 즉 예술 작품을 경험함으로써 세상이 완전히 새롭게 보인다. 우리는 여태까지 알지 못하던 것과 접촉하고, 지극히 평범하고 정상적이라 여기던 것에 깜짝 놀란다. 존재는 이런 식으로 스스로를 드러낼 수 있다.

과학과 예술을 비교하면 예술이 더 우수하다. 예술은 우리가 우리를 둘러싼 세상과 피부를 맞대고 연결되는 경험을 실현하기 때문이다. 반면 과학은 세상을 그저 분석하고 묘사할 수 있을 뿐이다. 예술은 생각에 선행하는 세상 경험을 만들어낸다. 하이데거는 반 고흐의 그림이 농촌 아낙네의 신발뿐만 아니라 그녀의 세계까지 보여준다고 설명한다. 그림은 우리에게 논밭, 시골길, 거친 바람은 물론 길고 고된 나날까지 생생하게 보여준다. 그리고 그 여인이 세상에서 어떻게 살아가고 있는지 나타낸다.

이를 표현하고자 하이데거는 '곤궁함', '끈기', '쓸쓸함' 등의 단어를 사용했다. 이런 마음 상태가 유발되면 인간으로서 세상에 있다는 게 어떤 일인지를 여태까지 과학이 묘사한 것보다 훨씬 깊고 다양하게 설명할 수 있다. 이 심오한 세계는 사람에 의해 경험되는 대로 만들어지는 세계다. 그리고 이 세계가 우리에게 예술을 보여준다. 어쩌면 예술은 사람이 세상을 경험하는 방식에 관한 통찰을 제시하는지도 모른다. 혹은 프랑스의 작가 마르셀 프루스트의 말을 빌려 이렇게 표현할 수도 있다. "예술을 경험하는 것만으로도 우리는 자신에게서 빠져나와 타인이 세상을 어떻게 바라보는지 의식할 수 있다."

춤추는 여자가 그려진 쿠바의 그림을 바라볼 때면 나는 내가 그저 빨간 옷을 입고 춤추는 여자보다 더 많은 것을 보고 있다고 느낀다. 그 그림은 나에게 멀리 떨어져 있지만 낯익은 세상을 열어준다. 빨간 옷은 그녀의 집에서 직접 혹은 양장점에서 완성했을 때의 세심함을, 여자의 움직임은 오랜 세월 동안 수많은 좌절과 인내로 이어졌을 연습에 대한 기억을 불러일으킨다. 그녀의 춤사위는 쿠바의 살사 클럽 카사 데 라 트로바의 문을 활짝 열어젖힌다.

예술을 접하는 이런 불가사의한 시각에 실질적인 조언을 더해보자. 하이데거는 예술 작품을 바라볼 때 '진리가 등장하는 것'이 중요하다고 말했다. 즉 사람은 예술 작품을 통해 세상을 다른 눈으로 보는 방법을 배운다는 뜻이다. 하지만 이것은 억지로 되는 일이 아니다. 우리는 음악을 듣거나 책을 읽거나 박물관을 돌아다닐 때 눈앞에 보이는 예술 작품들을 열린 마음으로 받아들여야 한다. 박물관에서 설명문을 먼저 읽지 말고 넷플릭스 시리즈를 볼 때는 비평을 먼저 찾아보지 않도록 하자. 설명이나 해설을 먼저 보면 예술 작품이 그저 대상이 되어버린다.

예술의 본질은 사람이 그것을 경험하는 바로 그 순간에 탄생한다. 즉 예술은 사건이다. 하이데거는 예술 작품을 '우리의 내면에서 어떤 상태를 야기해야 하는 어떤 것'으로 대해야 한다고 조언했다. 기대치가 낮을수록 예술이 친숙함을 낯설게 하고 낯섦을 친숙하게 할 가능성이 커진다. 예술적 경험을 하는 동안 사람은 내면 세계에 고립되지 않고 오히려 자신보다 거대한 진리의 일부분이 된다. 진리가 모습을 드러내는 그 순간, 사람은 거대한 세상 전체를 바라보는 시야를 얻고 그 안에서 자신이 있을 곳을 찾는다. 하이데거는 오래된 신전을 두고 다음과 같이 말했다. "신전이 거기 있기에 신전을 이루는 여러 사물들은 존재의 의미를 갖습니다. 신전은 그 사물들이 자신을 드러내는 터전입니다." 그 자체로 예술 작품을 마주하면 모든 것이 다르게 보인다. 그 순간 사람은 갑자기 자신이 세상 속에 있다는 사실을, 그리고 그 존재 방식을 의식한다.

최근에는 철학 분야에서 예술을 바라보는 하이데거의 불가사의한 관점과 다르게 예술을 바라보는 치유적 접근법이 생겨났다. 이 새로운 접근법에 따르면 예술의 가장 중요한 기능은 사람들에게 삶을 가르치는 것이다. 스위스 출신의 영국 철학자 알랭 드 보통은 모든 예술 작품을 대할 때 이 질문을 던져야 한다고 말했다. "이 작품은 어떤 가르침으로 우리의 삶을 도울 수 있을까?"

보통은 영국인의 교회 방문과 박물관 방문 사이에 상관관계가 있다는 사실을 깨달았다. 교회에 가는 사람이 줄어들면 박물관 방문객은 늘어났다. 그는 어쩌면 사람들이 예전에는 교회에서 찾고자 했던 무언가를 이제는 박물관에서 찾는지도 모른다고 생각했다. 그리고 예술을 주제로 쓴 책에 『치유로서의 예술Art as Therapy』(국내 번역서 제목은 『영혼의 미술관』이다 - 옮긴이 주)이라는 제목을 붙였다. 이 책에서 그는 사람을 더 나은 삶으로 이끄는 예술의 일곱 가지 기능을 언급했다. 예술은 우리가 기억하도록 돕고, 우리를 위로하고, 우리에게 희망을 주고, 우리가 균형을 회복하도록 하고, 스스로를 이해하도록 하고, 성장하도록 돕고, 당연하다고 여기던 것을 새삼스레 감상하도록 이끈다.

박물관은 아쉽게도 이런 기능의 토대가 될 수 없다고 단언했다. 보통은 박물관에 전시된 예술 작품의 이름표 옆에 붙은 설명문에는 작품이 만들어진 연도와 배경, 작품에 사용된 재료, 심지어는 작품을 어떻게 이해해야 하는지에 관한 안내문이 쓰여 있다. 그는 예술 작품이 자신의 삶에 어떤 의미가 될지는 관람객들이 직접 생각하고 설명해야 한다고 말했다. 우리는 여태까지 거리낌 없이 예술을 수단으로 바라보았고 그래야만 했다. 하지만 이제는 예술을 경험하는 동안 시선을 자신의 내면으로 돌려 작품이 자신에게 어떤 말을 건네는지 스스로에게 물어야 한다. 그렇게 하면 예술 덕분에 삶이 풍성해질 것이라고 보통은 말한다.

그는 또 예술을 과다하고 불필요한 것으로 만드는 것이 이상적이라고 과감하게 주장했다. "예술 애호가들의 궁극적인 목표는 예술 작품이 오늘날보다 조금 덜 필수불가결한 세상을 만드는 것이어야 한다." 즉 치료를 받던 사람이 언젠가는 치료에 덜 의존해야 하듯이, 예술 또한 언젠가는 필수적인 것이 아니어야 한다는 의미다.

암스테르담 국립 미술관이라고도 불리는 레이크스 미술관의 관장인 빔 피버스는 2014년, 보통에게 예술 작품에 대한 설명글을 써달라고 부탁했다. 그는 커다란 노란색 포스트잇에 각 예술 작품에 관한 글을 한 줄씩 써서 붙였다. 예를 들어 아드리안 쿠르테의 〈받침돌 위에 놓인 딸기 한 대접〉 옆에는 "너를 떠나고 싶어. 난 더 이상 너를 사랑하지 않아."라는 설명글을 붙였다. 그는 이 그림이 우리에게 마치 딸기와 같은 당연한 것의 아름다움을 가르쳐준다고 말했다. 박물관이나 미술관을 방문하면 일상의 아름다움을 바라보는 눈이 뜨인다. 이런 경험을 하고 일상으로 돌아오면 우리는 갑자기 집 앞에 있는 꽃이 만개한 나무가 얼마나 아름다운지, 몇 년 동안 함께 지내다 보니 더 이상 설레지 않던 배우자가 얼마나 소중한지 다시금 깨닫는다. 이것만으로도 박물관에 방문하는 수고를 해도 좋지 않을까? 그것이 오히려 부부 심리치료보다 가치 있으리라.

보통이 말한 치유적 접근법은 예술을 즐기는 것과 구체적으로 어떤 관련이 있을까? 그는 우리가 예술 작품을 볼 때 그것이 우리에게 무엇을 가르쳐줄 수 있는지를 물어야 한다고 말한다. 예술을 경험하는 동안 보통이 언급한 예술의 일곱 가지 기능을 바탕으로 구성한 구체적인 질문을 스스로에게 묻는 것이다. 예를 들어 일곱 가지 기능 중 하나인 기억으로 질문을 떠올려보자. 우리는 음악을 들으면서 특정한 가사가 어떤 기억을 불러일으키는지 자신에게 물을 수 있다. 박물관을 관람하면서 "이 예술 작품이 내 삶의 어떤 순간의 기억을 떠오르게 하지?"라고 질문하면 그 순간 박물관 방문은 추억을 더듬는 여행이 된다.

보통이 말한 예술의 또 다른 기능은 자기 이해다. 영화나 드라마를 보면서 어떤 캐릭터가 나와 비슷한지 질문을 던져보자. 이런 동일시는 나의 어떤 점을 설명하는가? 나는 나 자신에게서 무엇을 다시 인식하는가? 혹은 나는 왜 이 캐릭터를 닮고 싶은가?

레이크스 미술관에는 로렌조 바르톨리니의 조각 작품인 〈교육자 카리타〉가 전시되어 있다. 한 어머니가 오른팔로 아기를 안고 있는 작품이다. 어머니의 왼쪽 다리에는 여덟 살 정도로 보이는 어린아이가 두루마리를 읽으며 기대어 있고 어머니의 왼손은 두루마리를 가리키고 있다. 이 조각상을 보면서 우리는 '나'를 세 명의 인물 중 누구와 동일시할 수 있을까?

아무런 걱정 없이 어머니를 무한히 신뢰하며 온몸을 맡기고 있는 아기와 동일시할 수 있다. 혹은 조금 더 독립적이고 무언가를 배우고자 하는 열정이 엿보이는 어린아이와 동일시할 수도 있다. 아니면 아기를 돌보는 한편 다른 아이에게 도덕적인 가르침을 주고 있는 어머니와 동일시할 수도 있다. 어머니가 손으로 가리키고 있는 두루마리에 쓰인 내용은 다음과 같다. "남이 너에게 하는 행동을 원치 않거든 너도 남에게 그렇게 행동해서는 안 된다."

언젠가 레이크스 미술관에서 관람객들을 안내하며 나는 그들에게 세 인물 중 누구와 자신을 동일시하는지 물은 적이 있다. 가장 나이가 많은 여성이 곧바로 대답했다. "저는 아기요. 손주들까지 다 커서 기반이 든든해지니 이제 다시 아기처럼 아무것에도 신경을 쓸 필요가 없거든요."

보통이 말한 예술의 세 번째 기능은 우리가 소홀히 하던 측면을 다시 돌아보도록 만드는 힘이다. 예를 들어 규격에 딱 들어맞거나 군더더기 없이 최소한의 디자인으로 구성된 건축물을 좋아하는 성향은 그 사람이 현재 혼란스럽고 스트레스가 많은 삶을 살고 있다는 반증이다. 이때 건축물은 개인의 긴장이나 불안과는 정반대되는 요소다. 즉 어떤 예술 작품에 마음이 끌리는지 잘 생각해보면 상당히 흥미로운 방식으로 자아를 발견할 수 있다. 이 방식은 우리가 잊고 있던, 혹은 전혀 인식하지 못하던 자아의 측면을 발견하도록 해준다.

나 또한 춤추는 여자가 그려진 그림을 처음 본 순간을 완전히 다른 시각으로 지난날을 돌이켜볼 수 있었다. 나는 몇 년 동안 탱고를 춘 적이 있는데, 그건 쿠바에 가기 한참 전의 일이었다. 그렇다면 그 그림이 내가 잊고 있던 내 안의 댄서 본능을 자극했던 것인지도 모른다.

이렇듯 우리는 예술의 일곱 가지 기능을 참고해 자신에게 맞는 질문을 구성할 수 있다. 질문에 대한 답변이 모두 새로운 것은 아닐지도 모른다. 하지만 그래도 좋다. 보통이 생각하기에 가장 중요한 점은 우리가 이미 오래전부터 삶을 다시 일깨우는 방법을 알고 있다는 사실이다. "대부분의 예술 작품은 우리에게 완전히 새롭거나 전혀 예상치 못한 아이디어를 보여준다기보다는 오히려 상투적으로 보이는 진리를 다시 삶 속으로 불어넣는다."

여기서 우리는 보통과 하이데거의 가장 큰 차이점을 알 수 있다. 하이데거는 예술에서 새로움을 불러일으킴은 물론 세계상을 완전히 뒤집을 수 있는 무언가를 봤다.

그러나 하이데거 또한 사람들이 예술 작품을 경험할 때 언제나 스스로를 이입한다는 점을 부정할 수는 없었을 것이다. 우리는 다른 세계를 경험할 때조차도 자신에게서 떨어질 수 없다. 하이데거 본인도 몰랐겠지만 반 고흐의 신발 그림에 대한 그의 해석이 이를 증명한다. 그의 해석이 애초에 농촌 아낙네의 신발을 다루지 않았다는 점은 명확하다. 하이데거가 그 그림에 끌린 이유는 어쩌면 내가 춤추는 여자 그림에 끌린 이유와 비슷할 것이다. 알랭 드 보통이라면 하이데거의 해석이 그 자신에게 새로운 세상을 열어준다기보다는 그가 먼지 쌓인 사무실에서 꿈꾼 농촌에서의 삶에 대한 갈망을 우리에게 보여준다고 말했을 것이다.

한편 하이데거식 접근법의 강점은 그가 예술의 고유한 가치를 강조했다는 데 있다. 처음부터 치유적인 질문을 전제하고 예술 작품에 접근한다면 작품을 올바르게 바라보지 못할 수 있다. 하이데거라면 예술 작품을 감상할 때는 어떤 일이 일어나든지 받아들이겠다는 열린 마음을 지녀야 한다고 말할 것이 분명하다.

이것은 예술을 대하는 완전히 다른 두 가지 태도다. 하나는 보편적이고 불가사의한 접근법이고, 다른 하나는 개인적이고 치유적인 접근법이다. 하이데거를 따른다면 예술은 스스로를 넘어선 다른 세상으로 우리를 이끌 것이다. 알랭 드 보통을 따른다면 예술은 우리가 내면으로 시선을 돌리도록 이끌 것이다. 하나는 우리가 예술을 감상할 때 무슨 일이 일어나는지 묘사하는 접근법이고, 다른 하나는 우리가 예술에서 무엇을 배울 수 있을지 질문을 던지라고 처방하는 접근법이다. 전자를 따르면 예술은 우리에게 새로운 것을 보여줄 것이다. 후자를 따르면 예술은 우리가 예전부터 알았으나 잊고 있던 무언가를 가르쳐줄 것이다.

두 철학자 모두 예술 경험을 더욱 풍성하게 해줄 유용한 조언을 남겼다. 하이데거는 무슨 일이 일어날지 열린 마음으로 예술 작품을 감상해야 한다고 말했다. 예술 작품을 이해하려 하지 말고, 너무 많은 것을 기대하지도 말고, 작품에 관한 내용을 예습하는 등의 준비도 하지 말아야 한다. 그러면 예술이 만들어내는 열린 공간, 모든 것이 다르고 새로운 곳으로 갈 좋은 기회를 얻을 수 있다. 반대로 알랭 드 보통은 예술 작품을 보고 질문을 던지라고 조언했다. 그 질문에 답함으로써 자신의 내면을 바라보아야 한다는 것이다.

두 가지 접근법을 활용해 쿠바에서 구입한 그림을 감상했다. 그러자 나는 그 그림이 왜 그렇게 나를 사로잡았는지 이해할 수 있었다. 그 그림은 나에게 나와는 멀리 떨어진, 그러면서도 친숙하게 느껴지는 세계로 가는 문을 열어주었다. 더불어 춤에 대한 내 갈망도 일깨워주었다. 예술을 바라보는 두 가지 전혀 다른 관점이 상호배타적이지는 않은 모양이다. 이를 통해 우리는 자신의 경험을 표현할 수 있는 새로운 언어를 찾을 수 있다.

18

기술은 어떻게
일상을 파고드는가

스마트폰에 관하여 ~~~~~~~~~~~~~~~~~~~~~~~~~~~

"스마트폰은 생명체로 가득하나 죽은 행성에
영혼을 가두는 중독성 있는 도구다."
— 무니아 칸

우리의 일상을 수십 년 전과 완전히 다르게 만든 물건을 한 가지 꼽으라면 바로 스마트폰의 폭발적인 보급이다. 스마트폰은 이제 말 그대로 신체의 일부로 자리매김했다. 연구에 따르면 우리는 하루 평균 두 시간 반 정도를 스마트폰 화면을 보는 데 쓴다. 하루 네 시간 이상 보는 열혈 사용자도 있다. 우리가 얼마나 자주 스마트폰 화면을 쳐다보는지 연구한 결과는 더 놀랍다. 하루 평균 2,617번이라니!

스마트폰이 사람들의 행동에 미치는 영향을 우려하는 이들도 적지 않다. 우리는 이제 더 이상 주변에 주의를 기울이지 않으며 심지어는 타인과 진정한 교류를 하는 방법도 잊어가고 있다. 우리는 스마트폰 진동이나 벨 소리에 자주 집중력을 빼앗긴다. 한편 어떤 사람들은 스마트폰에 너무 많은 시간과 주의력을 빼앗긴다는 우려의 목소리에 대해 보수적인 공포감 조성이라고 생각한다. 기차에 탄 모든 사람이 신문을 읽던 시절에도 우리는 주변에 그다지 주의를 기울이지 않았다는 것이다. 또 모든 기술 발전은 한동안 날카로운 비판의 대상이었으나 결국 우리의 일상생활로 파고들었다. 스마트폰은 우리가 친구나 가족과 훨씬 더 자주 연락할 수 있는 기회를 제공한다.

그런데 지난 몇 년 사이에 전혀 그럴 것 같지 않은 사람들까지 스마트폰의 영향을 우려하고 나섰다. 바로 실리콘밸리에서 일하던 유명인사들이다. 전 페이스북 임원인 차마트 팔리하피티야는 직설적인 말로 우려를 표명했다. 그는 사람들이 괴물을 만들어냈다면서 다음과 같이 강도 높게 비판했다. "우리가 만들어낸 단기적인 도파민 분비를 촉진하는 피드백은 이 사회의 기능을 파괴한다. 그 어떤 문명화된 대화도, 협력도 없고 오직 거짓 정보의 유포와 불신만이 편재한다. 내 생각에 우리는 이제 정말로 아주 나쁜 상황에 놓여 있다."

페이스북의 '좋아요' 버튼 개발자 중 하나인 저스틴 로즌스타인은 어디를 가든 만나는 사람들에게 자신의 스마트폰에는 일부러 그 어떤 앱도 설치하지 않는다고 강조한다. 앱에 주의력을 너무 많이 빼앗기지 않기 위한 선택이라는 것이다. 페이스북에서 데이터 분석가로 일했던 제프리 해머바흐도 "우리 세대 사람들은 어떻게 하면 사람들이 광고를 클릭하도록 만들지만을 궁리한다. 정말 구역질 나는 일이다."라고 말했다.

구글의 고위직 임원이었던 트리스탄 해리스 역시 비슷한 의견을 내놓았다. 그는 페이스북과 구글, 애플 등이 20억 명이나 되는 사람들을 가두어두는 시스템을 개발했다고 말했다. 게다가 시스템 안에는 음모론, 가짜 뉴스, 광고가 난무해 사람들의 주의력을 빼앗는다. 해리스는 이 시스템이 이제 더 이상 사람이 통제할 수 없는 지경에 이르렀다고 지적했다.

　이런 이야기를 듣다 보면 당장 스마트폰을 처분하고 폴더폰을 구입하거나 전화, 문자 메시지, 기껏해야 간단한 아케이드 게임만 할 수 있었던 노키아의 구형 모델을 다시 구하는 것이 이성적인 선택이라는 생각이 들지도 모른다. 그런데 우리가 스마트폰을 다른 시각에서 바라볼 수 있도록 일깨워줄 이야기가 이미 2,500년 전에 쓰여졌다. 그것은 기원전 5세기, 고대 그리스의 시인 아이스킬로스가 쓴 프로메테우스 신화에 관한 비극이다. 프로메테우스는 신들에게서 불을 훔쳐 인간들에게 준 인물이다. 이 오래된 이야기는 다음과 같다.

　신들은 진흙으로 인간과 짐승을 빚어 만든 다음 프로메테우스의 동생인 에피메테우스에게 특별한 임무를 맡겼다. 모든 생물들에게 각기 다른 특징을 부여하는 것이었다. 그 결과 어떤 짐승은 매우 빨리 달릴 수 있는 능력을, 어떤 짐승은 강한 힘을, 어떤 짐승은 털을, 그리고 어떤 짐승은 날개를 받았다. 마침내 인간의 차례가 됐지만 남아 있는 특징이나 재능이 없었다. 그래서 프로메테우스는 신들의 불을 훔쳐 인간에게 주었다. 프로메테우스 본인은 물론 다른 신들 또한 불이 인간에게 엄청난 힘을 주리라고는 생각지 못했다.

프로메테우스의 선물은 나쁜 결과를 초래했다. 그래서 제우스는 프로메테우스를 절벽에 묶고 매일 독수리가 날아와 그의 간을 쪼아 먹도록 하는 형벌을 내렸다. 밤이 되면 간이 회복됐고, 날이 밝으면 다시 독수리가 날아와 자신의 임무를 수행했다. 그는 오랜 세월 동안 고통받다가 헤라클레스에 의해 구출된다. 이런 이유로 프로메테우스는 수백, 수천 년이 지난 후에도 기술의 전달자로 불린다.

불은 인간에게 매우 큰 도움을 준 도구로 인간의 삶을 완전히 변화시켰다. 불은 강력한 무기가 되어 인간을 보호해주었을 뿐 아니라 인간이 대단한 기술 발전을 이룩할 기회까지 제공해주었다. 인간은 창이나 화약 같은 무기는 물론 책 인쇄 기술 등을 개발했다. 다만 불은 언제나 양면적인 도구였다. 때로는 이로운 것이었지만 때로는 매우 위험한 것이었다.

예를 들어 불이 인간을 공격하는 데 사용된다면 위험하다. 그러다 보니 전쟁을 설명하거나 묘사할 때 대개 불이 은유적으로 사용된다. 미국의 전 대통령 조지 W. 부시는 아프가니스탄과의 전쟁에 대해 이렇게 말했다. "우리 목표 중 하나는 말하자면 불을 피워 연기로 그들을 쫓아내고 그들이 도망치도록 하는 것이다." 그리고 도널드 트럼프 역시 북한을 겁주고자 "북한은 세상 사람들이 본 적 없는 화염과 분노, 그리고 무력을 직면하게 될 것이다."라고 경고했다. 이렇듯 불은 한편으로는 인간을 지켜주지만 다른 한편으로는 인간을 공포로 몰아넣는다. 불을 바라보는 상반된 시각이 공존하다 보니 우리는 불로 상징되는 분야, 즉 기술에도 상반된 반응을 보인다.

이런 분열은 스마트폰이 우리의 일상생활에 미치는 영향을 주제로 한 토론에 그대로 반영된다. 스마트폰과 멀어져야 한다고 주장하는 목소리가 점점 더 설득력을 얻고 있기는 하지만 아직은 소수 의견일 뿐이다. 이 기술은 이제 사자에게 주어진 힘이나 치타에게 주어진 빠른 속도처럼 사람에게 주어진 특징이 됐다. 스마트폰이 없었다면 인간은 결코 현재의 위치에 도달하지 못했을 것이다.

그러나 모든 기술적 진보를 무비판적으로 수용하는 것은 너무나 비이성적인 행태다. 인간이 처음 불을 다룰 때 조심스럽게 접근했듯이 기술을 사용할 때도 신중해야 한다. 우리는 스마트폰이 사람의 행동에 미치는 영향을 더 날카로운 시선으로 바라봄으로써 더욱 심사숙고하는 과정을 거쳐야 한다.

미국의 철학자인 돈 아이드Don Ihde는 기술과 인간이 맺는 관계를 네 가지로 구분했다. 나는 아이드의 이론을 스마트폰에 적용하는 것이 대단히 중요하며 의미 있다고 생각한다. 우리는 이 이론을 바탕으로 스마트폰의 혜택을 더 정확히 알 수 있다. 다른 한편으로는 스마트폰이 초래하는 여러 위험 역시 인식할 수 있다. 나아가 이를 기반으로 위험을 최소화할 더 구체적인 계획을 세울 수 있다.

우선 인간과 기술은 하나가 될 수 있다. 아이드는 이것을 '체현 관계Embodiment relation'라고 불렀다. 이때 사람은 기술 그 자체가 아니라 기술을 통해 바라보는 세상에 집중한다. 가장 이해하기 쉬운 예시가 바로 안경이다. 우리는 스마트폰, 즉 전화, 왓츠앱, 스카이프 등을 사용함으로써 멀리 있는 사람들과 의사소통할 수 있다. 이것 또한 스마트폰과 불 사이의 수많은 공통점 중 하나다. 흥미롭지 않은가? 알다시피 최초의 장거리 통신은 불을 피워 연기로 신호를 보내던 봉화다. 과거 조상들은 임박한 위험이나 식량 조달 상황 등의 정보를 불의 연기로 전달했다.

오늘날에는 네덜란드 위트레흐트에 사는, 독일인 아버지와 마케도니아인 어머니 사이에서 태어난 아이가 마케도니아에 있는 조부모와 온종일 페이스타임이나 스카이프로 얼굴을 마주 볼 수 있다. 이 아이는 또한 독일 라인란트팔츠에 있는 조부모와도 의사소통할 수 있다. 스마트폰은 이처럼 지구 반대편에 사는 사람이나 여러 가지 이유로 자주 만나지 못하는 사람들과 빈번하게 소통할 수 있도록 해준다. 하지만 이런 원거리 통신은 장점이 매우 큰 만큼 위험하기도 하다.

미국의 작가 조너선 사프란 포어Jonathan Safran Foer가 2013년에 《뉴욕 타임스》에 기고한 글은 우리에게 경종을 울렸다. 그는 언젠가 스마트폰을 거친 의사소통이 면대면 접촉을 완전히 대체할 것이며 사람들은 점점 더 이러한 대체 의사소통을 우선시할 것이라고 주장했다. 실제로 우리는 점점 더 비인간적인 방식의 의사소통을 선택한다.

예전에는 생일 때마다 전화 통화를 했던 지인에게 요즘에는 메시지를 보내 축하하지 않는가? 포어는 이런 '대체 의사소통'으로는 상대방을 제대로 구분할 수 없다고 덧붙였다. 잘못 수신된 문자 메시지 때문에 짜증이 났던 경험은 누구에게나 있을 것이다. 그런데 진정한 공포는 이처럼 구분되지 않는 의사소통이 우리의 인간관계뿐만 아니라 감정에까지 영향을 미친다는 점이다. 포어는 "말을 줄이는 데 익숙해진 사람은 점점 덜 느끼는 데에도 익숙해진다."고 말했다. 이 경고를 진심으로 받아들여 적어도 일주일에 한 번은 지인에게 메시지를 보내는 대신 직접 전화를 하는 것은 어떨까?

기술은 우리가 세상에 주의를 돌리도록 만드는 도구다. 스마트폰 역시 우리에게 세상에 관한 지식을 전달해준다. 아이드는 이것을 '해석 관계Hermeneutic relation'라고 불렀다. 기술은 세상의 대표적인 측면을 우리에게 전달한다. 이 관점에 따르면 우리는 세상을 더 자세히 알고 더 많은 것을 배우기 위해 기술을 사용한다. 이런 기술의 예시가 바로 자기공명영상 촬영MRI이다.

스마트폰 또한 우리에게 우리가 살고 있는 세상의 정보를 전달한다. 우리는 일상생활에 필요한 정보의 대부분을 스마트폰으로 알아본다. 프랑스의 철학자 미셸 세르Michel Serres는 『엄지세대, 두 개의 뇌로 만들 미래Petite poucette』에서 새로운 기술이 지식 분야에서 일으킨 혁명을 긍정적으로 바라봤다.

오늘날 사람들은 세상에 관한 지식을 엘리트 지식인에게 내맡기지 않는다. 그들에게 의존하기보다는 일상생활 속에서 스스로 정보에 접근하고 그것을 유용하게 사용한다. 세르는 밀레니얼 세대를 '엄지세대'라는 애정 어린 말로 부르며 그들이 어려서부터 지식의 민주화에 따른 이득을 보고 있다고 주장했다. 그는 플라톤의 '동굴의 비유'를 가볍게 각색해 이 세대가 어떻게 자유로워지는지 설명했다.

과거에 수천 년 묵은 동굴 속에서 움직임도 말도 없이, 입에는 재갈이 물린 채 서로 등을 맞대고 꽁꽁 묶여 있던 엄지세대가 그들을 구속하던 쇠사슬에서 자유롭게 풀려났다.

— 『엄지세대, 두 개의 뇌로 만들 미래』

세르는 오늘날 지식 분야에서 이런 혁명이 급속도로 일어나고 있다고 말한다. 그리고 스마트폰 시대를 사는 학생들은 우리가 생각할 수 있는 모든 지식을 엄지손가락 끝으로 알아내고 있다며 학교는 이러한 사실에 적응해야만 한다고 세르는 경고한다. 세르는 이런 발전에 상당히 감명을 받은 듯 보인다. 그러나 우리가 스마트폰을 이용해 축적하는 지식이 과연 얼마나 확실하고 객관적인 것일지 의문이 드는 것 또한 사실이다. 물론 우리가 스마트폰으로 얻는 지식 중 대부분은 비교적 객관적인 내용이다. 예를 들어 일기예보 앱이 알려주는 정보가 그렇다. 물론 일기예보 앱의 객관성이 의심스러운 일이 자주 발생하기는 하지만 말이다.

한편 스마트폰은 때때로 우리에게 전혀 객관적이지 않은 의심스러운 지식을 알려주기도 한다. 무엇보다 이런 지식에는 거대한 위험이 도사리고 있다. 예를 들어 몸 상태가 좋지 않아 구글에서 자가 치료법이나 민간요법을 찾아본다고 해보자. 이런 글을 인터넷에 올릴 시간에 차라리 병원에 가는 편이 낫지 않을까 싶은 극단적인 경험담이 가득하다.

그뿐 아니다. 구글이나 페이스북은 개별화된 알고리즘에 따라 우리의 온라인 활동에 맞는 광고나 검색 페이지를 보여준다. 즉 우리는 필터 버블에 갇힌다. 필터 버블 안에서 우리는 한쪽으로 편향된 시각으로 사실을 바라보게 될 위험이 있다.

이를 피하려면 페이스북에서 좌파 성향 미디어부터 우파 성향 미디어까지, 다양한 미디어를 폭넓게 팔로우해야 한다. 그리고 유럽에서 미국, 아랍 국가에 이르기까지 여러 국가 및 언어권의 언론 매체가 제공하는 뉴스 앱도 다운로드해야 한다. 이렇게 우리는 개별화된 필터 버블의 범위를 늘릴 수 있고 자신의 선택에 의해 여러 기사의 내용을 해석할 수 있다.

ATM에서 돈을 인출할 때 우리는 또다시 기술과 관계를 맺는다. 아이드는 이것을 '타자 관계Alterity relation'라고 말했다. 세상에는 우리가 집중적인 주의와 관심을 기울여야 하는 기계가 있는데, 이런 기계는 미디어가 아니라 사람이 직접 마주하는 대상이다. 우리는 스마트폰으로 인터넷 뱅킹을 하거나 게임을 즐기거나 아무 목적 없이 SNS를 서핑하거나 메신저 앱으로 메시지를 보낸다. 이런 식으로 스마트폰을 사용하는 것, 말하자면 스마트폰과 관계를 맺는 것은 얼핏 전혀 해롭지 않아 보일 수도 있다. 하지만 사실상 이런 관계는 우리의 주의력을 독차지하고 우리의 관심을 주변 환경에서 멀리 떨어뜨린다. 하와이 호놀룰루에서는 건널목을 건널 때 스마트폰을 보면 벌금형을 선고받는다.

과거 실리콘밸리를 이끌던 인물들은 자신들이 직접 만든 시스템을 조심하라고 경고한다. 즉 사람들을 스마트폰에 묶어두려고 만든 것들을 조심하라는 의미다. 우리의 집중력은 값진 것이므로 스마트폰에 지나치게 집착하지 말고 나 자신과 세상에 집중하도록 노력해야 한다. 앞으로는 스마트폰을 손에 쥘 때마다 그것으로 어떤 일을 하려는지 숙고해야 할 것이다. 우리의 집중력을 빼앗는 앱을 만든 전문가들을 무비판적으로 따라가서는 안 된다. 스마트폰 화면의 색상을 흑백으로 바꾸는 것도 간단한 해결책이다. 그러면 스마트폰 사용을 자연스럽게 줄일 수 있다.

한편 우리는 스마트폰 외에도 음악이나 책 같은 일상용품과 관계를 맺으면서 주변 환경과 분리된다. 과거에는 스크래치가 나거나 맥주가 튄 자국이 있어 간밤의 즐거웠던 파티를 떠오르게 만드는 CD나 바이닐을 우리가 실제로 소유할 수 있었다. 그러나 오늘날 우리는 비물질적이고 손에 잡히지 않는 유튜브나 스포티파이 같은 클라우드에서 듣고 싶은 음악을 클릭한다. 전 세계의 수많은 프로그래머가 무언가를 직접 소유하는 우리의 경험을 없애기 위한 웹 사이트나 앱을 만들고 있다.

기술은 마침내 인식의 배경을 구축하는 요소가 됐다. 이를 '배경 관계Background relation'라고 하는데, 냉장고 소리라고도 한다. 즉 늘 존재하지만 우리가 의식하지 않는 것이다. 스마트폰도 마찬가지로 우리 곁에 늘 존재한다. 스마트폰은 우리의 바지 주머니에 들어가 있거나 시야 안에 놓여 있다. 미국의 사회학자 셰리 터클Sherry Turkle은 사람들과 미디어 사이의 상호작용을 중점적으로 연구했다. 그리고 『대화를 잃어버린 사람들Reclaiming Conversation: The Power of Talk in a

Digital Age』에서 우리가 점차 진정한 대화를 잃어버릴지도 모른다고 주장했다. 실험 결과에 따르면 전원이 켜져 있든 꺼져 있든 관계없이 스마트폰이 그 자리에 있는 것만으로도 실험 참가자가 상대방과 이야기를 나눌 때 느끼는 대화의 강도나 연대감이 영향을 받는 것으로 나타났다.

타인과 진정한 교류를 할 때 스마트폰의 방해를 받지 않으려면 몇 가지 해결책을 따라야 한다. 예를 들어 술집에 가면 동석한 사람들의 스마트폰을 한군데에 쌓아두고 가장 먼저 스마트폰을 집는 사람이 술값을 내기로 약속하는 것이다. 또는 다른 사람들과 식사를 하러 갈 때 아예 스마트폰을 집에 두고 가는 방법도 있다.

항시 옆에 있는 스마트폰은 진정한 대화를 방해할 뿐만 아니라 우리가 일을 제대로 하지 못하게 만든다. 나는 에세이를 작성하는 등 고도로 집중해야 할 때 스마트폰을 눈에 보이지 않도록 노트북 뒤에 둔다. 또 스마트폰의 알림 설정을 모두 비활성화하는 것도 도움이 된다. 그러면 언제 스마트폰을 볼지 스스로 결정할 수 있다.

해야 할 일을 하는 동안 스마트폰을 보지 않으면 점수를 주거나 칭찬해주는 앱도 있다. 진동이나 벨 소리에 주의를 빼앗기다 보면 우리는 무위無爲의 진정한 능력, 즉 지루함의 예술을 잊고 만다. 지루해하는 법을 다시 배우려면 의식적으로 '스마트폰 프리'인 공간(예를 들어 침실)이나 시간(예를 들어 저녁 8시 이후)을 마련해야 한다. 여러 과학자가 이렇게 하면 수면의 질 또한 높아진다고 말한다.

기술 분야의 도전 과제는 불을 쬐어 따뜻해짐과 동시에 불에 타지 않도록 스스로를 지키는 것이었다. 이것은 스마트폰이 우리와 세상의 관계를 바꾼 네 가지 방식에도 해당한다. 스마트폰은 사람들이 멀리 떨어진 타인과 쉽게 소통하도록 도와준다. 하지만 다른 한편으로는 가까운 주변인들과의 의사소통을 표면적이고 상투적인 것으로 만든다.

우리는 스마트폰 덕분에 어마어마한 규모의 정보를 손에 넣을 수 있지만, 이때 지나치게 편향된 세계상을 받아들이지 않도록 조심해야 한다. 스마트폰으로 택시를 부르거나 재미있는 게임을 하는 것은 유용한 일이지만 스마트폰에 지나치게 집착하다 보면 현재 살고 있는 세상과 직접 연결될 기회를 잃어버린다. 그러니 스마트폰의 지나친 사용은 타인과의 연결, 집중력, 때로는 빈둥대며 느긋해지는 것에 해를 입힌다는 점을 의식하는 것이 중요하다.

아이스킬로스의 비극에서 프로메테우스는 인간에게 불뿐만 아니라 다른 본질적인 것도 선물했다. 바로 맹목적인 희망이다. 이 선물 덕분에 우리는 인류가 미래에 스마트폰의 단점을 최소화하고 장점을 극대화하리라고 믿을 수 있다.

감사의 말

나를 둘러싼 사람들이 없었다면 이 책은 애초에 존재하지 않았을 것이다. 그래서 그들 중 몇몇을 여기서 언급하고 싶다. 우선 이 책을 편집해준 천사들에게 감사한다. 카타리나 실더, 마를라우 반 레인, 스테파니 리브렉스, 로테 아커만이다. 카타리나가 없었다면 이 책은 출간되지 않았을 것이다. 내가 이 책을 시작부터 끝까지 카타리나와 함께 만들 수 있었던 건 포르투나 여신의 선물이다. 아울러 데 베지거 베이 출판사의 여러 직원들이 항상 새로운 시각에서 내 원고를 읽어주고 그들의 날카로운 관점을 나눠준 것도 나에게는 호사였다.

좋은 친구 볼터 휘팅아는 이 책의 첫 번째 독자였다. 그가 이 책을 읽으며 떠올린 생각을 들을 수 있어 대단히 즐거웠다. 그의 의견은 내가 여러 새로운 아이디어를 고안하는 데 매우 큰 도움이 됐다.

실용적 철학에 대한 내 사랑은 얀 포르스턴보스의 세미나에서 더욱 불타올랐다. 나는 그의 밑에서 시험을 치렀는데, 이제 그가 이 책을 읽고 나와 의견을 교환할 것을 생각하니 행복하다.

형 빔 캄파위스와 좋은 친구 얀 야프 스테게만은 그들의 전문 지식으로 내가 몇 가지 주제를 다루는 데 도움을 주었다.

지난 몇 년 동안 나는 거의 매일 대중들 앞에서 그들과 일상을 위한 철학에 관해 토론하고자 강연을 하거나 워크숍을 진행했다. 참석자들의 호기심과 성실함, 그리고 개성이 다양한 방식으로 이 책에 녹아들었다.

2014년부터 나는 더 많은 대중이 철학을 접할 수 있도록 도와주는 기관인 암스테르담 인생학교의 일원이 되는 특권을 누리고 있다. 이 책은 지난 몇 년 동안 동료들과 함께 걸었던 멋진 여정에서 영감을 받은 결과물이다.

마지막으로 나를 사랑해주고 지지해줬으며 나와 함께 생각을 나눠준 마를로스 오잉크에게 감사한다. 그녀는 늘 진심을 다해 곁에서 나를 도와주었고 내가 이 책을 쓰는 동안 함께 휴가를 떠나지 못한 것도 너른 아량으로 이해해줬다.

삶은 오직 한 번뿐이지만, 이 삶을 다시 처음부터 시작하더라도 기꺼이 앞에 언급한 사람들과 함께하겠다.

옮긴이 강민경

대학에서 독어독문학을 전공하고 졸업 후 독일계 회사를 다니며 글밥 아카데미 출판번역 과정을 수료했다. 독일 어학연수 후 현재는 바른번역 소속 번역가로 활동 중이다. 옮긴 책으로 『젊은 베르테르의 슬픔』, 『수레바퀴 아래서』, 『젊은 시인에게 보내는 편지』, 『이해의 공부법』, 『하얀 토끼를 따라가라』, 『시간 제어』 등이 있다.

철학이 삶을 위로할 때

초판 1쇄 발행 2022년 12월 15일

지은이 라메르트 캄파위스 옮긴이 강민경

발행인 이재진 단행본사업본부장 신동해
편집장 조한나 편집 이혜인 교정·교열 최서윤
마케팅 최혜진, 백미숙 홍보 최새롬
국제업무 김은정, 김지민 제작 정석훈
디자인 studio forb

브랜드 웅진지식하우스
주소 경기도 파주시 회동길 20
문의전화 031-956-7208(편집) 031-956-7129(마케팅)
홈페이지 www.wjbooks.co.kr
페이스북 www.facebook.com/wjbook
포스트 post.naver.com/wj_booking

발행처 (주)웅진씽크빅
출판신고 1980년 3월 29일 제406-2007-00046호

한국어판 출판권 ⓒ (주)웅진씽크빅, 2022
ISBN 978-89-01-26731-9 03100